CHINA SHINE

华夏基石管理评论

源于本土实践的管理思想原创基地

华夏基石管理咨询集团 主编

第六十辑

官方微信

中国财富出版社有限公司

图书在版编目（CIP）数据

华夏基石管理评论 . 第六十辑 / 华夏基石管理咨询集团主编 . — 北京：中国财富出版社有限公司，2021.12

ISBN 978-7-5047-7635-8

Ⅰ . ①华… Ⅱ . ①华… Ⅲ . ①企业管理 Ⅳ . ① F272

中国版本图书馆 CIP 数据核字 (2022) 第 008038 号

策划编辑 李　晗　　责任编辑 邢有涛　李　晗
责任印制 梁　凡　　责任校对 杨小静　　责任发行 黄旭亮

出版发行 中国财富出版社有限公司
社　　址 北京市丰台区南四环西路 188 号 5 区 20 楼　　邮政编码 100070
电　　话 010-52227588 转 2098（发行部）　　010-52227588 转 321（总编室）
　　　　 010-52227566（24 小时读者服务）　　010-52227588 转 305（质检部）
网　　址 http://www.cfpress.com.cn　　排　　版《华夏基石管理评论》编辑部
经　　销 新华书店　　印　　刷 北京柏力行彩印有限公司
书　　号 ISBN 978-7-5047-7635-8/F・3391
开　　本 889mm × 1194mm　1/16　　版　　次 2022 年 1 月第 1 版
印　　张 11　　印　　次 2022 年 1 月第 1 次印刷
字　　数 147 千字　　定　　价 88.00 元

2021年第四辑 总第六十辑

咨询与合作： 010-62557029　010-82659965转817　13611264887
读者交流群： 微信 s13611264887
网　　址： www.chnstone.com.cn
地　　址： 中国北京市海淀区海淀大街8号中钢国际广场六层（100080）

主办
北京华夏基石企业管理咨询有限公司
China Stone Management Consulting Ltd.

INTRODUCTION
本辑导读

壹

当2021年摇摇晃晃走到年末，交给2022年的仍然是一根充满变量的“接力棒”：疫情反复、中美角力、中国经济社会结构化转型、行业整顿……2022年，中国企业如何识别生存发展的新环境、谋求新活法？《华夏基石管理评论》组织了专题讨论，彭剑锋教授提出要充分认识到中国经济下半场的特征进行深层次的变革成长，苗兆光博士提出“刷新”，孙波博士用“归位”作为2022年年度主题词，夏惊鸣老师则认为要洞见到中国经济转型的长期红利，坚定发展信心……（见第2页）

贰

大变革时代，可以迷茫，但不要迷航。彭剑锋教授认为中国企业变革成长要回归到企业的五大底层逻辑上，才不会迷航。（见第46页）

包政老师说：企业要有战略，弄清楚将往何处去，由此来引导现在所做的事情，并使现在所做的事情见利见效。此所谓，以终为始的战略导向。（见第65页）

叁

关于组织，过去一般比较关注组织内部的高效协同、组织的效率，而现在组织更应该关注外部的适应性。组织的适应性现在已成为组织的一种核心竞争力。保持组织对外部环境变化的适应力，关

键是让组织有活力，陈明老师提出具有实操性的组织活力11条法则。（见第78页）

很多企业已经认识到数字化变革很重要，但数字化转型落地却非常难，核心原因是认识不到位、执行力不足、数字化领导力不够。需要从这三方面去做突破，以拥抱数字化红利。（见第100页）

肆

如何发钱才能发出最优效果？这是企业面临的一个现实问题，激励资源是组织重要的战略资源，激励方案不能一成不变，物质激励和非物质激励需要平衡运用、相互补充。

不少企业通过致力于构建人才能力体系，以建设更强大的组织能力，但在实践中发现，经典的任职资格体系与素质能力体系一直存在着技术难点，结合新经营环境对企业的要求，企业也要探索新组织能力体系建设。

本期“方法”栏目还介绍了平台化组织建设要注意的“五个平衡”，以及项目管理实操案例。（见第110页）

伍

尽管每个企业生来就要追求生存和发展，但为什么真正能够穿越整个成长周期，称得上“基业长青”的企业却是凤毛麟角？

1954年11月6日是管理学界一个划时代的日子，彼得·德鲁克在这一天出版了他的《管理的实践》一书。该书的出版标志着管理学作为一门学科的诞生。德鲁克留给人类最伟大的遗产是管理学。（见第146页）

华夏基石产业服务集团

“三六九”系统工程

以长期价值主义，推动企业持续增长

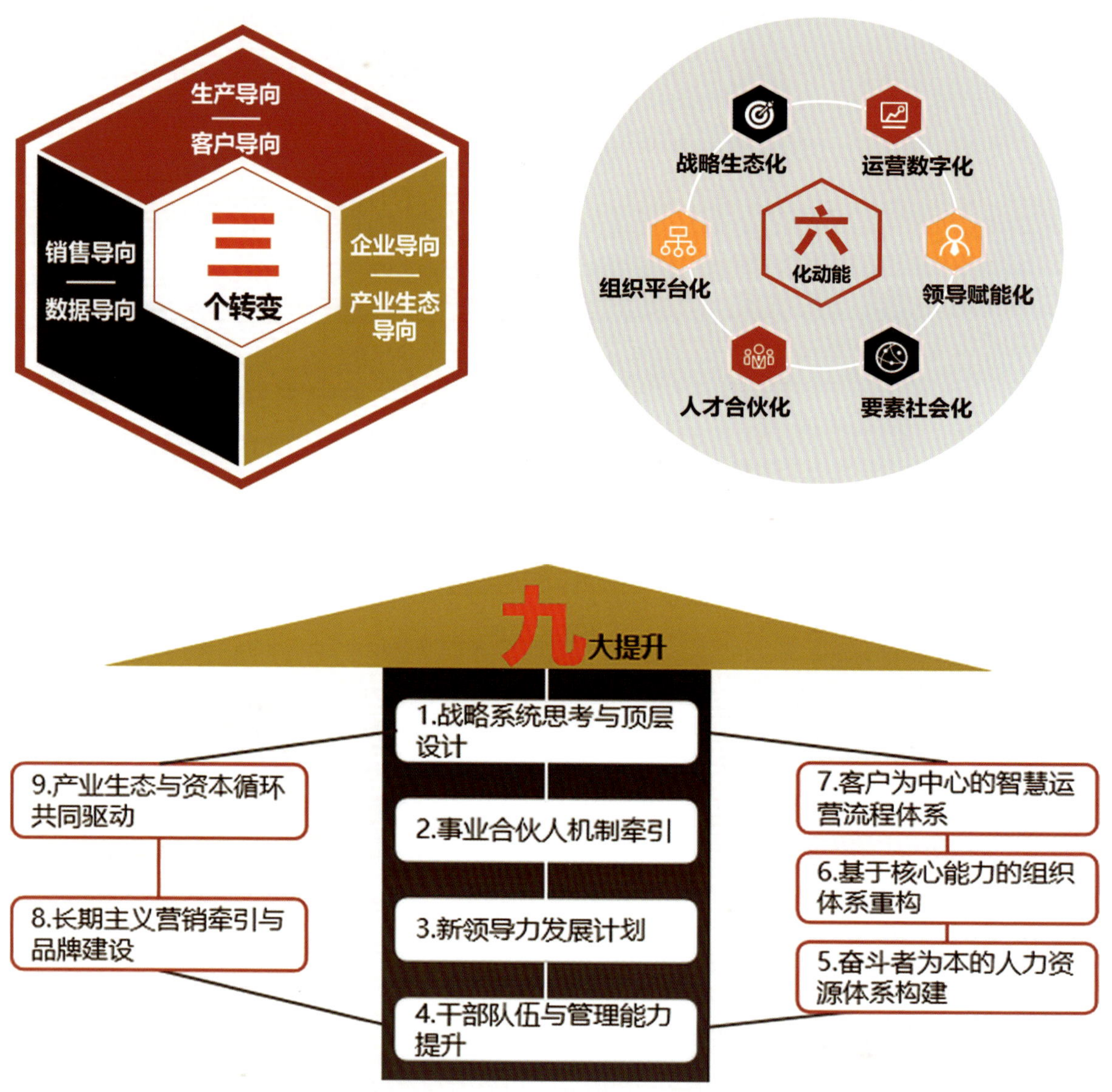

经营管理，内外兼顾

客户	痛点问题	关键思考	解决思路
民企龙头隐形冠军	经济放缓，成本上升，业绩压力陡增	增收节支，资本和产业循环反哺业务和经营现金流	在经济逆周期中生存发展和持续成功的**《增长战略》**
			盘活资源，借助政策红利，获取竞争优势，思考和推进**《地产资源反哺业务规划》**
			以合法合规为前提，以降低成本激活动力为目标的**《全面税务筹划》**
	企业在跨越规模和成长阶段的台阶方面缺乏后劲	机制先行，提升整体价值	构建共识、共担、共创、共享，基于增量创造的**《事业合伙人机制》**
			面向中长期持续发展的**《企业价值倍增计划》**
	企业家尚未完成系统思考，核心团队缺乏共识	围绕成功关键完成系统思考并达成共识	围绕持续成功要素的中长期系统思考和战略顶层设计，完成企业**《发展大纲（基本法）》**
			创造业务增量，凝心聚力，支撑发展，建立内外部广泛共识的**《奋斗文化》**
	面对数字化和高新技术的冲击反应迟钝		基于中长期战略发展，面向未来的**《全面数字化转型规划》**
	经营管理粗放，到处跑冒滴漏	将成功关键落实到组织和团队建设中	以降低成本，提高效率，汇聚资源，沉淀能力为目标的组织平台化改造，构建**《赋能平台加分布式经营体的平台化组织》**
	核心团队能力态度不到位，当责人缺失		围绕准企业家和职业经理人两支队伍的**《新领导力提升计划》**
国企平台	对战略和发展方向缺乏共识	围绕成功关键完成系统思考并达成共识	形成广泛共识，面向中长期发展的**《国企战略系统思考和顶层设计》**
	中长期战略规划和经营管理活动脱节		切实推进**《“十四五”战略规划与落地实施计划》**
	党建工作和企业经营管理脱节		将党建与国企战略和经营管理紧密结合，研讨**《党建引领国企经营管理提升》**
	团队动力不足，奋斗文化和机制建设落后	机制先行	结合国企实践，推进**《三项制度改革理论研讨与落地实操》**
	对产业链要素的关注和协同不到位	拓展产业视野和思维	基于价值链思维的产业核心要素汇聚和联动方案，设计规划**《国企产业发展思路框架》**
	对并购融合与资产重组缺乏经验和有效工具		运用资产证券化等工具有效推进**《优质资产并购融合与优化重组计划》**
	对环境或区域性问题缺乏研究和应对措施		基于刚性兑付的**《国企经营对策分析与规划》**

专题

洞见

专题

CHINA STONE

做新商业文明时代的建设者，最根本的是进行认知与思维革命，以产业互联网思维和生态思维重构企业竞争优势与可持续发展能力。

——彭剑锋

刷新 2022
中国企业全面自我更新之年

全面更新发展观，尊重规律、尊重变化，价值归位、责任归位，洞见中国经济长期利好趋势，以产业互联网思维、生态思维开启中国经济的下半场。

华夏基石3+1论坛第36期活动

研讨嘉宾

彭剑锋 华夏基石管理咨询集团董事长，中国人民大学劳动人事学院教授、博士生导师

孙　波 中国劳动关系学院副教授，华夏基石集团高级合伙人

苗兆光 华夏基石双子星管理咨询公司联合创始人、联席CEO，训战结合咨询专家

夏惊鸣 华夏基石双子星管理咨询公司联合创始人、联席CEO，训战结合咨询专家

单　敏 华夏基石集团副总裁

孙建恒 深圳腾股创投公司创始合伙人，华夏基石集团合伙人

策划/主持/文字

尚艳玲 《华夏基石管理评论》执行总编，企业文化与企业成功之道研究咨询顾问

彭剑锋：2022，中国经济下半场开局之年

——开启一个新商业文明时代

如果给 2022 年下一个整体定义的话，我认为是中国经济下半场 “开球”之年，是实质性转型升级的一年。虽然这些年一直在讲中国经济的转型升级，但很多企业也一直抱着观望和侥幸心理，看国家举起的这只拳头到底会不会落下。从 2021 年来的政府主导的一系列整顿行业、反垄断等举措就能看出，经济社会全面转型升级不是在打“预防针”、释放“信号弹”，而是实实在在的落地了。企业要深刻意识到：企业经营所面对的政商环境、经济环境、社会环境都在发生革命性的、本质性的变化。

彭剑锋

一、“围观群众”变了，场上的“球员”不变就只能等着被轰出场外

最突出的变化就是“围观群众”变了，老百姓对企业的社会责任、经营道德、合法合规的要求，以及对产品的品质与价值诉求等，比以往任何时候都更加深刻和强烈了。社会民众不再仅仅是企业生存发展的“围观者”，而是企业经营的参与者与监

督者。企业不仅要作为经济主体承担经济功能，还是企业公民，必须一同承担相应的社会责任。比如不能搞垄断和恶性竞争，创新要向善，要致力于共同富裕等。

打个比喻：企业像是上场踢球的球员，过去只要能进球就行，一切以进球为目的，有些小动作，或者是踢黑球、吹黑哨，观众都能够容忍。现在观众要求你踢球的姿势要正确、规范，甚至是优美，不是进球就行。近期社会上对于某些公司高管高薪酬是否合理、是否涉嫌国有资产流失等问题高度关切，充分说明了民众对于企业合规经营、阳光财富的诉求，以及强烈的参与意愿和监督意愿。企业对这种变化一定要有深刻的认识。另外，如何创新思维，运用新的信息工具进行社会舆情管理及危机公关，也是企业要认真研究的新课题。

合规经营、创新向善、社会责任、共同致富，是这个新商业文明时代的主题词。

总之，企业经营要面对的社会环境发生了巨大而切实的变化。全社会已然掀起一场呼唤企业合规经营、呼唤新商业文明、呼唤企业社会责任的浪潮，一个新商业文明时代已然开启！合规经营、长期主义创新向善、社会责任、共同致富，是这个新商业文明时代的主题词。

中国经济将全面转型升级，步入高质量成长通道。这个理念其实已是社会的共识了，很多企业也一直在喊，但并没有真正落实到实际行动上，没有真正为实现高质量成长加大投入。比如产品创新，比如数字化，真正在这上面去投入的没有多少企业。但现在整个经济环境倒逼中国企业必须转型。

从中长期的宏观环境来看，未来对中国企业会产生影响的有三大要素：一是人口的出生率下降，劳动力供给不足，依靠高劳动力的数量投入获得企业竞争优势的“人口红利”时代过去了，未来必须靠高质量人才。我个人认为，未来高质量人才一定会短缺，数字化和智能化可能会替代一部分一般性劳动力，但高质量人才的缺口可能加大。二是碳达峰与碳中和。这一方面会压缩高耗能企业的产能，未来高耗能企业的日子恐怕不好过了，另外就是对“提质”的要求更高了，通过高科技含量的集约化生产减少能耗。三是新冠肺炎疫情对全球产业链的影响。未来两年预计全球产业链将进行重构。中国这次在应对疫情中体现出了全产业链优势，但随着其他国家的供应链重构、产业转移等，我们的优势也将受到冲击。这三大因素会对中国企业带来前所未有的挑战。

总的来说，**中国经济的下半场真正到了企业高质量发展的阶段，中国企业这支“球队”要踢出境界、踢出水平、踢出文明，真正从野蛮成长走向文明成长，要真正回归到长期价值主义，科技向善，造福社会**。投机主义、各种形式的垄断、以高科技为幌子的科技作恶、靠打法律的“擦边球”获取财富等方式越来越没有容身之地。“合规经营、阳光财富”这一理念华夏基石在十年前就开始倡导了，企业要深刻地认识到现在营商环境、社会环境对企业的要求更高了，企业要以长期价值主义和科技向善的理念牵引发展，现是已经到了落地的阶段了！

二、苦练“五句经”，以内在的确定性应对外在的不确定性

当然，我认为，不管环境怎么变，还是要把自己的事做好，以内在的确定性去应对外部的不确定性，而内在的确定性就是靠自己的产品，靠自己的核心能力。**从现在开始中国企业要如何做？我总结了这么几句话：上科技高山，下数字蓝海，与资本共舞，做“三好”企业，打造新组织能力**。

最近我经常讲这几句话，有企业家朋友戏称为“五句经”。中国企业如果真能对照这“五句经”，来应对变化，必能走出

自己的新成长之路。

上科技高山。就是要以长期价值主义为未来投入，下大力气攻克科技创新、技术创新的难题，真正舍得在技术创新上投入，而不是假投入。我观察到这次民众对联想集团的诟病，很重要的一点就是认为联想没有真正投入硬科技的瓶颈攻关上。虽然这里关系到企业的经营模式等具体的经营战略问题，但作为一家大企业、一个民族品牌，民众寄予更高的期望也是合理的。这也就是我前面说的，“围观群众”变了，倒逼着企业既要实现“进球”，即经营成功，也要规范动作，以及贡献更高、更多的社会价值。企业要舍得把钱投入攻克核心技术难题上，既能解决企业自身的持续发展问题，也为国家社会作出新贡献。

下数字蓝海。企业要真正抓住数字化转型升级的历史性发展机遇。数字化转型关乎着国运和民族的复兴，关乎着产业重构升级，关乎着中国企业如何去提升全球的竞争能力。我们不能仅仅将数字化视为一种技术或者工具，它是一个新时代，是适应海量的、碎片化的、实时的、多场景的客户需求的价值创造与获取方式的革命，是人类社会的一种人、机、物三元融合的新的生产方式，是新的产业组合方式与新的生活方式。未来，数字化将深入任何一个产业，任何一个生产与消费环节，从而真正实现生产要素和生产条件的新组合。因此，数字化目前已经成为全球众多企业的核心战略，像华为、美的等众多的头部企业都将数字化转型升级作为企业的核心战略，数字化转型升级将成为中国企业实现“弯道超车”或者“变道超车”的必由之路，也是中国企业未来战略成长的必选题。

与资本共舞。我个人认为，在现在的政商环境、社会环境下，有条件的企业还是要争取上市。未来我国经济构成将仍然以国有资本为主，推动民间资本与国有资本共同发展，民营企业只有把自己变成一家公众公司，更透明化的经营，更透明化的竞争。技术研发攻关也好、数字化转型升级也好，都是需要大量投入的，都离不开钱，企业没有钱，不真金白银的投入，转型升级就都是空话。

民营企业要学会与资本共舞，但一定要掌握主动权，能驾驭资本这个“恶魔”。2021 年“爆雷”的大企业，无论是海航、方正，还是恒大，都是因为没有驾驭住资本这个“恶魔”，导致崩盘。这并不是说民营企业不要跟资本打交道，恰恰要善于跟资本打交道，学会跟资本打交道。

做“三好企业”。这个我 2016 年就提出来过，企业要想持续发展，只有致力于成为“三好企业”：好人、好产品、好管理。“好人”，对企业家和企业核心人才队伍建设提出了更高的要求，有“好人”才能找到“好客户”。“好产品”，就是企业与客户的连接最终还是好的产品与服务。要坚持以产品主义进行产品技术创新，要用真材实料和工匠精神打造出高品质产品和服务。“好管理”就是打造卓越的运营系统，构建高效率的管理体系。有好人、好产品、好管理的企业一定能够在新的商业文明时代脱颖而出。

有好人、好产品、好管理的企业一定能够在新的商业文明时代脱颖而出。

打造新组织能力。新组织能力，是在数字化转型升级背景下，需要创新组织文化与人才机制。它涉及企业战略、组织、人才的系统变革，尤其在未来，数字资产将成为企业的核心资产，数字化转型将是企业的核心战略，海量的数据、算力、算法将成为企业新的核心能力，这就不仅仅是传统的基于竞争力的组织能力建设了，所以叫新组织力。

三、企业家要突破“三大焦虑”，浴火重生

当然，我们华夏基石始终坚持的一个观点是：企业最大的瓶颈在于企业家，企业实现转型升级发展首先要求企业家本人

进行转型升级。

明后年我认为将进入企业家新一轮的焦虑期，2022 年企业家可能会比 2021 年更焦虑。企业家焦虑来自三方面。

一是对共同富裕的焦虑。共同富裕的政策，以及最近社会上的一些舆论倾向，确实令很多企业家产生焦虑，认为是不是企业做大了财富就不能得到保障，或者企业做大了“树大招风”就没有好下场。我的主张是，企业家还是要先检查自己的境界胸怀、检查企业的产品跟服务。做企业，本质上就是为社会作贡献，如果把获取财富作为终极追求，走不远。这一点我们还是要学习西方那些伟大企业家的财富观。如卡耐基、巴菲特等。任正非在华为实行普惠制，自己只占不到 1% 的股份，我认为也是一种财富来源于社会，最终要用之于社会的境界格局。

再一个，**企业可能很难各方面尽如人意，但把产品、服务做好是正道**。不要埋怨社会对企业的不公，没有什么不公的，就老老实实的改进，把企业产品做好，抓创新、抓品质、抓业绩、抓人才，回归到经营本质，把企业该做的事情老老实实做到位。

二是对企业转型升级的焦虑。对于转型升级，其实大多数企业家是有这种认知的，但承担不起转型升级的成本。这也是一个普遍的问题。任何变革都是要花钱的，不花这个钱就来不了新的钱。这个经营悖论怎么解决，的确考验企业家的智慧。

三是公司治理与企业接班人的焦虑。企业交接班的问题是中国企业家群体目前最急迫的问题。改革开放后创业的第一代民营企业家，普遍到了该退休的年龄了，企业交给谁？这一代企业家绝大多数是独生子女，面临的问题是：拥有合法继承权的子女一方面接班意愿不强，普遍不想接下家族企业这个担子，另一方面，拥有合法继承权的子女不一定具备接班人的能力。从情感上、法律上、能力上怎么解决接班人的问题，目前看来确是企业家的困局。

这是中国企业家目前的“三大焦虑”，也是中国民营企业持续发展的“三大瓶颈”。进入 2022 年，要解决这些焦虑，第一要求企业家打开胸怀格局，比如从大家族里找接班人，从职业经理人里找接班人，或者学习欧美企业的家族企业治理方式，突破接班人困境。第二是要打造新组织能力，构建基于数字化转型的企业运营管理体系。第三是要有新人才机制。

总的来说，企业家突破这“三大焦虑”、突破企业持续发展的“三大瓶颈”，要具备新商业文明意识。从组织来讲，要打造新组织能力，组织能力的第一要素是新领导力，第二要素是结构力，第三要素是资源配置力，资源重构力。从人才来讲，就不是简单的人才机制创新，而需要进行人才的重构。

我和很多企业说，靠你们现在的领导班子不行，得换人了。光靠现有的人，很难进行转型升级。第一人才结构必须调整，第二人才量级必须提升。如果不在这两方面下功夫，就谈不上新领导力。很多企业的领导班子还是跟老板一起打江山的干部，思想观念落后、知识结构陈旧，别说数字化转型了，他首先从心里就抵触数字化转型，他的经验中也没有数字化。换思想比换人更难，所以要真正进行转型升级，只有换人。

回顾一下：**上科技高山，下数字蓝海，与资本共舞，做“三好”企业，打造新组织能力**。这是我总结的企业在未来一段时间要练好的“五句经”。

四、把认知与思维革命进行到底，以生态思维进行底层变革

前面说的所有问题，从“道”的层面来说，我认为还是在于“认知与思维革命”，要认识到企业现在面临的生存与发展局面，不仅是转型，而是一场底层变革。

苗兆光提出“刷新”，这是个很好的概念。在我看来就是要进行思维和认知上的革命，以产业互联网思维、生态思维开启中国经济的下半场。

第一，用产业互联网思维实现线上线下高度融合，实现互联网技术的综合应用，把虚拟经济和实体经济的优势有效地结合在一起，开启中国的新商业时代。

从世界范围来看，未来国与国之间的竞争就是产业互联网之间的竞争，产业互联网就必须有大数据、互联网、物联网，以及互联网技术的综合运用。而在这方面，中国是有优势的。因为德国、日本企业如果搞产业互联网，它们在互联网及大数据上是不全面的，“缺胳膊短腿”。我们要学习德、日企业的工匠精神，但是我个人认为德国、日本企业不代表未来，光知道把一个产品做好，第一形成不了产业互联网，第二形成不了生态优势。

战略结构、组织治理架构、机制政策、组织运营，这四大体系都得进行根本性的变革。

我认为，我们仍然要向美国学习，与之竞争融合。美国在高端产业上与互联网的结合、与高科技的结合上是有优势的，而中国在中低端产业也已经初步形成了产业互联网的优势。美国现在要打压我们的高科技领域，就是不希望我们在高端产业也构建产业互联网优势。

如果你是个乐观主义者，就不会对中美竞争太过于焦虑，中美的竞争最后很有可能会形成“双循环”，老大老二并存，既竞争又融合。中国不能取代美国，美国也不可能把中国“打趴下”，这是我的判断，所以我对中国经济是有信心的。

第二，以认知与思维革命，进行企业四大体系的底层变革。战略结构、组织治理架构、机制政策、组织运营，这四大体系都得进行根本性的变革。

为什么我一直强调认知与思维革命，就是你不能用旧地图去找新大陆，也不能用新瓶装旧酒。你不能一方面大谈产业互联网，另一方面还是用传统工业思维去做产业互联网。如果企业的底层逻辑没有变，不进行底层变革，理念谈得再好，一落实到行动上还是传统的运营体系、传统的组织、传统的人才机制，这就是新瓶装旧酒。

尤其我认为现在的管理学界，面临的最大问题也是新瓶装老酒。现在，酒也得变，瓶也得变，里外都得变。为什么这些年提出的一些很好的理念在企业里落不了地，就是我们自己的思维方式、知识结构、解决方案都没有真正更新，所以有些理念拔得很高，但一落到解决方案上，又是传统方案，企业自然也不信了。当然我们也呼唤管理学界与企业界能更多地合作，把一些新理念落到新的变革行动上，共同探索最佳实践。

第三，以生态思维重构企业竞争力。确实是一些互联网企业首先提出生态思维的，但为什么没有真正把生态思维建起来？原因在于这些提生态思维的企业，本质上是在用传统的竞争方式去吞并、垄断。都在提生态，但最后大家都在抢流量、抢地盘，在存量里面互相绞杀，谁也不相信谁。

生态思维要求第一是利他，第二要信任，第三不能科技作恶。要成为生态的构建者，首先需要付出，成为生态的激励者，通过为生态伙伴创造价值以提升自己的生态价值，最终实现提升整个产业的生态优势和全球性的生态竞争力。

总结起来，2021年已经吹响了中国经济下半场的开局哨声，2022年，是中国进行经济转型升级的底层变革，开启新商业文明时代之年。企业要赶上这趟时代列车，不被赶下场，或者被彻底淘汰，就要主动做新商业文明时代的建设者。登科技高山，下数字蓝海，与资本共舞，做“三好”企业，打造新组织能力，实现企业的可持续发展。做新商业文明时代的建设者，最根本的是进行认知与思维革命，以产业互联网思维和生态思维重构企业竞争优势与可持续发展能力。

苗兆光：刷新，中国企业2022年年度主题词

我们每年的题目都是讨论新的一年的“变和不变”。我在想，比“变和不变”更第一性的问题是什么？我们讨论问题的时候把着眼点放在哪儿会更有价值？我认为，与“变与不变”相比，讨论如何从短期的变化里看到长期意义，是更有价值的。因为任何企业不能把自己的战略建立在短期变化上，而应该建立在更有长期意义的事情上。

我们可以观察，宏观变量、中观变量、微观变量对企业的影响到底哪些是长期的，哪些是短期的？

一、洞察四大环境变量

宏观层面：“增长即经营”的模式需要反思和升级，未来很长一段时期，社会的主要任务是“耗散”掉几十年快速增长所积累的“熵”。

从宏观上看，现在对企业影响比较大的一个变化是中国经济长达30多年的高速增长正在降速。过去30年中，整个国家大系统是在一个高速度下的粗放增长。这种情况下，增长是个万能钥匙，可以解决很多问题。举个例子，国家整个GDP增加了1万块钱，分配再不均，因为有增量，在增量中分享，无非就是有的人拿走了9000块，有的人拿

苗兆光

走了 800 块，有的人拿了 1 块，有的人拿了 5 毛，但是因为有增长，所有人都是获益的，可能不公平，但不会出问题，增长就是它的“最优解”，最优解存在的时候社会是没有问题的。**在这个背景下，中国企业也会贯穿这样的思想，“增长即经营”**。这些年，大家一讨论经营问题就是增长来源在哪里，把“经营”这个词等同于“增长”了，这是过去一贯的思路。

实际上，任何一个社会，任何一个经济体，都不可能持续高速增长。**增长积攒的势能随着时间的增加都会耗散**。这种情况下，**国家大系统在从快速增长往高质量增长转型，这是企业必须面对的一个变量**。

在这种宏观环境变化下，国内的结构性问题就出现了。长期在以增长为目标下必然形成的一些“熵增”：比如，分配不公平、收入差距拉大、贫富悬殊；产业结构不合理，有些产业畸形发展；供给结构不合理，占居民支出比重该高的不高、该低的不低；社会性地急功近利，关注直接增长结果，而缺乏长期的创新投入；等等。因为宏观上的总体增长已经消化不了它带来的“熵”，积攒下来的很多矛盾需要时间去化解。这并不是说我们不要增长了，而是“增长即经营”的观念应该刷新，从追求短期的增长，转向“均衡、可持续”的高质量增长。

大国关系：中美角力是战略层面的持久战，双方竞争的基点是“去对方的势”，除了高科技领域，在民生、消费层面的行业，并不会出现激烈的封锁。

国际环境的变化，突出的是大国冲突，尤其是中美之间的矛盾。中美矛盾的核心点在哪里？我认为，本质上是价值观层面的矛盾。西方人强调“先自由、再平等”，中国人强调“先平等、再自由”。比如说防疫这件事儿就很明显地体现出两种价值观的差异，西方人不愿意被约束，但让中国人待在家里就可以，前提是大家都待在家里。中国是一个崇尚集体主义的国家，我们强调集体，个体需要为了集体利益、国家利益、民族利益作出牺牲，而西方人更多的是关注个体和自由。某种程度上可以说，我们强烈维护的如集体主体、民族主义等，恰恰是西方人反对的。

这种底层的价值观冲突是不可能化解掉的，除非一方把另一方给消化了，否则一点可能性都没有。但西方国家很务实，特朗普上台后跟中国搞“肉搏”，力度很大，而现在以拜登为首的美国主流政客回归理性，处理大国冲突强调策略。现在西方对中国的策略，我理解它的核心词叫“去势”，就是把你的发展势头去掉，在势能上打压你，而非特朗普那样直接近身肉搏。

因为西方国家的老百姓不愿意牺牲短期利益来对待一个并没有直接威胁他们的国家。所以西方国家采取了“去势”的策略，策略核心是政治上孤立你，经济上消耗你，军事上合围你，技术上封锁你，都是在“去势”。而这一招正是毛泽东的《论持久战》。

> 任何一个社会，任何一个经济体，都不可能持续高速增长。增长积攒的势能随着时间的增加都会耗散。

我们党中央提出的“四个自信”（中国特色社会主义道路自信、理论自信、制度自信、文化自信）也是打持久战的思想，从底层上去建设，从底层上去解决发展的矛盾和问题，本质上就是为了长期“耗得起”。

为什么要分析这么多中美关系？实际上我是想讲，除了部分高科技企业，大多数企业在经营当中，不用太担心中美矛盾的影响，尤其是在消费层面的行业，并不会受那么大影响，因为西方国家并不想在这些层面上直接跟你对抗，或者发生激烈的对抗。比如在服装鞋帽等日用品、医疗产品等上面，美国是不会卡你的，真正卡你的是高科技领域，在战略层面上消耗你。在这一点上我们应该去洞察鉴别，别被表象上的一些变化所迷惑，做无谓的应对和防御。

新技术变革：现在仍然在新技术扩张周期上，由互联网、数字化引发的深层技术变革正系统性地渗透到各个行业，大势所趋，不要躲避，需要务实而勇敢地加入。

在技术变革的影响层面，近几十年来，经济发展最大的引擎还是新技术，沿着互联网、数字化技术，继而引入的区块链、元宇宙这一条技术路线发展的变革，类似于从蒸汽热能、燃料化学能，到机械能、电能这一技术周期带动的工业革命，这个技术周期的影响正从社会的公共基础设施层面，系统性地深入各个行业，可能从底层改变一些行业的运行逻辑，短期内看变化的冲击肯定是恼人的，但长期来看这是技术进步驱动的升级变革潮流，只有主动拥抱，躲是躲不过的。

难题在于很多企业感觉无从下手，投入吧，不知道能不能带来收益；不投入吧，害怕真的有一天狼来了，活不下去。我觉得企业还是应秉持务实的态度看待新技术，技术是服务于商业，商业的基本要素还在那里：如何有效地获客、如何有效地把握需求、如何有效地将需求转化为产品和服务、如何有效地交付、如何有效地评价、如何有效地控制……要去研究技术能在每个环节上带来什么，弄明白了再投入。如果脑瓜笨、弄不明白怎么办？那就先投入一些，目的是弄明白。

新冠肺炎疫情与防控政策：新冠肺炎疫情是近两年最大的环境变量，不仅是对企业现实经营的干扰，而且也在很多方面带来了不可逆转的变化，改变了企业经营的根基。

疫情显然对现实经营干扰很大，很多产业尤其是零售业态受疫情影响最突出，哪个地方一旦出现疫情，零售业态立马就出问题了，餐饮、服装等，凡是做零售的都会受到影响。但疫情带来的重大影响，绝不仅是对短期的销量冲击，而是对整个产业资源的配置带来了不可逆的影响，企业必须重视一点。很多人总想着“等疫情过去了就能恢复原来的经营了”，这个想法很危险，因为疫情已带来了很多基础设施的变化，比如说数字化的应用、数据的打通。也有一些行业受的影响更大、更直接。拿医疗行业来讲，以前核酸检测技术没那么强，现在核酸检测已成普遍应用技术，整个医疗保健系统在这一领域投入了大量资源，改变了这一产业的基础设施。还比如 mRNA 这项新技术，（中文译名“信使核糖核酸”，是由 DNA 的一条链作为模板转录而来的、携带遗传信息能指导蛋白质合成的一类单链核糖核酸。）过去很多年内都没有太大的发展，但新冠疫苗的研制需求迅速地促进了 mRNA 技术的发展与应用。

疫情防控“动态清零”的政策，给企业生存发展带来的一些变化也是不可逆转的，比如人们的生活方式开始往线上迁移，消费线上化、办公线上化、商务活动线上化，等等。以前不习惯线上会议，现在习惯了；以前不习惯线上购物，现在习惯了。线上的配套设施在这个过程中得到了极大的改善，体验也越来越好。如果“把线上化”看作“移民”的过程，线上是新大陆，疫情就像一次强制移民，动态清零政策就像移民令，加速了搬迁过程。并不是说过去的技术不能满足线上体验的要求，而是更多人不能接受线上，总觉得不能见到本人就不能建立信任，但疫情强迫人们的习惯和体验改变。疫情带来的需求与体验往线上迁移，这种变化也是不可逆转的，那么企业就要意识到，经营根基已经产生了变化。你不可能再把疫情视作短暂的意外，基于过去的经验来作为战略依据。

产业变量洞察：上述这四大宏观变量，会落实到各个产业变量上，虽然对不同产业的影响是不一样的，但是所有的产业

都逃不过这“四大变量”。

企业要基于对“四大变量”的洞察，联系自己所处的产业来作出解读和反应。这时候你就要看去看宏观政策变量中哪些会是长期的，哪些是中短期的因应之举。

> 企业要基于对“四大变量”的洞察，联系自己所处的产业来作出解读和反应。

比如“双循环”的经济发展格局就是一项长期政策，国家一定会采取措施刺激国内经济循环，比如提高中低收入群体的收入。在消费心理中，高收入群体的消费倾向性低，中低收入群体的消费倾向性高，所以国家要刺激经济内循环，必然会把保障和提高中低收入阶层的收入作为一个着力点。要让人们有消费能力和消费信心，与此同时还要让人有安全感、保障感，有了安全感才会去消费。所以一方面，凡是影响到人的安全感的行业都会受到整顿，地产、教育、医疗这些行业的暴利时代一定会结束。另一方面，国家加大对创新的鼓励，让人们能为创新买单。既不希望老百姓的压力山大，又要想办法满足需求，这就只能通过创新。另外，共同富裕的政策会带来什么变化？就是减少经济发展过程中带来的不公平，过去数年的粗放式增长拉大了收入差距，造成不公平，降低这种差距和不公平是这一政策的基点。顺着这一思路往后演绎，会得出什么结论？如果你身处一个劳动密集型的行业，那你要小心了，你的人工成本会急剧增加，吞噬你的竞争力。

总之，在宏观政策层面要看到，我国经济社会转型进入结构调整期，所谓的“啃硬骨头”的时期，国家的政策执法环境会越来越强势，而且会落到各个行业上，企业千万不要存侥幸心理。这就是大势所趋。

企业层面的变量：宏观的变量、中观产业的变量，最后都会落到企业这个微观变量上。除宏观层面变量、中观产业变量会对企业有影响以外，企业还会遇到自身的问题，比如说企业交接班的问题。诞生于 20 世纪 90 年代的中国民营企业，目前正批量性地进入交接班，即便不是交给自己的子女，也应该交给新一代的领导人。这个交接班还不是家族传承，而是基于企业层面的传承，在微观层面上企业集体遇到了这个问题。

宏观、中观、微观这些变量集中起来，对于企业来讲，如何认知?

二、刷新： 2022 年的年度第一主题词

通过上面的分析，我们可以看出，外部环境在不确定之中还是可以看到确定的方向的。企业应该针对这种确定的变化重建自己的经营、管理与组织系统。我在这里提炼了未来 2 ~ 3 年企业经营的三个主题词：刷新、保守、低调。

（一）刷新：围绕着环境变化自我更新

无论是大企业、中型企业、小企业都遇到了问题，比如大企业原来都是强势扩张的逻辑，它们在共同富裕等大的社会变动面前开始不适应。**在这些社会环境变化面前，企业首先需要更新自己，如果不更新自己，就会产生不适应的问题：要么是社会轰你下场；要么是你自己的经营业绩出问题；要么是你的员工会跟你对立。**

建议企业从三个方面去刷新自己。

1. 从量到质。“增长即经营”这个观念一定要更新，要从增长转化为成长，尽管会承受短期的痛苦，但那是成长过程中的必然。比如我自己，本来做咨询做得好好的，突然停下来读了个博士，读博士的这几年是直接影响我的收入啊。没有咨询项目，我的收入就没有增长，但是我得到了成长，或者说有了质的变化。

企业成长跟人的成长一样，要从量到质，如果再走规模化

的野蛮扩张老路，社会没有地方容纳你了。

2. **从竞争到和谐**。从发展逻辑上我把中国企业大致划分为三种类型，从进化的角度也可以说“三代企业”，目前是这三类或三代企业共存的时期。

第一类型的企业（第一代企业）是以竞争为导向，发展逻辑是弱肉强食、强者生存，我“干掉你”，我的生意就好，基本上是这个逻辑。“野蛮增长”“狼性”都是建立在这个逻辑之上的。

第二类型的企业（第二代企业）比第一类型的企业进化了一个级别，它是以需求为导向，更关注顾客体验，把顾客当第一性，把竞争当第二性，认为我服务好我的顾客是首要的，竞争只是为了排除干扰。即便是这一类型的企业也遇到了问题，比如，如果只是基于需求，那么阿里进入社区团购是对还是不对？从需求导向来看它没错，但你用发展的眼光看，它就是垄断。所以纯粹的以需求为导向也会有问题。

第三类型的企业（第三代企业）要再进化一层，从需求导向升级为生态导向，要跟社会和谐共存、共同发展，既要实现经营成功，也要承担社会责任。未来所有企业都要往这个方向去升级。

3. **在研发和生产领域内谋创新**。过去中国企业创新的领域基本上集中在营销领域，特别在零售环节创新比较多，但现在，我们认为**中国的创新必须从营销领域往生产领域和技术研发领域转移**。因为国际环境变化趋势是，发达国家会阻断我们的产业底层技术，如果我们国家的企业再不往生产领域和技术研发领域转型的话，未来几年，你的产业发展空间必然受阻。

原来我们说往技术研发领域转移，现在发现也不够。为什么？尽管中国是制造大国，但是在制造领域里的技术积攒并不多，制造业还是建立在劳动密集型基础之上。我们观察，世界上大量国家走到中等发达阶段的时候，企业遇到的最大问题是劳动力成本消化不动了。中国这么多年依然靠劳动密集型，换句话说就是用一批低收入劳动力养活了制造业企业。

现在，国家的政策开始调整，在共同富裕的理念下，低收入阶层的收入一定会增加，如果在生产领域，企业没有技术上的创新升级，未来几年内很多企业现有的商业模式就无法维持下去了。

另外，原来我们的企业还有一个逻辑是：一定要离客户近，我占住了客户端就能去“打劫”上游的产业链，这种逻辑以后肯定会受到挑战，离客户近没错，想“打劫”上游怕是要反思一下了。你用这种逻辑哪怕打赢了竞争对手，国家和社会也会来收拾你，我们可以拭目以待，那些个垄断客户界面、对实体产业挤压的平台，后面要面对的挑战会越来越大。

> 企业要想活得久，保守经营很重要，或者说要更关注经营质量。

企业一定要刷新企业经营的底层逻辑。否则谈应对是空话，只是做表面应付功夫，更是自我伤害，应付不了多长时间。

（二）保守，“扎硬寨”，以慎变应变

我一直强调企业经营上要更保守一些，不要把变化当作真经念，盲目激进，而是要把那些不变的、确定的东西当作真经念，念好它。

我们分析了这么多变化，有一个词是共识——不确定。在有些产业不确定到近乎动荡的商业环境里，如果过于激进，死亡的概率就会提高。从历史上、国际上看企业，活得久的企业都有一个共同属性，叫保守经营。企业要想活得久，保守经营很重要，或者说要更关注经营质量。

当前，在经济与社会结构化转型期，社会摩擦成本很高，摩擦的代价也很大，企业要想不让自己成为“代价”，保守经营很重要。什么叫保守经营？有以下两点：

1. **生存高于发展**。企业一定要守住生存线，生存线在哪里？比如说合规。各行各业都得合规经营，企业守不住生存线就不要去想别的。过去，企业的合规生存线很高，因为大系统在增长。俗话说“萝卜快了不洗泥”，你只要在增长，哪怕做得不好也有机会活着。但现在企业要识别自己的生存线，生存高于发展。现在有一拨“专家顾问”还在单方面强调“高增长”，到每个企业去兜售“倍增计划”。企业要远离这种危险的思想，要实事求是地审视机会，再确定目标。就目前大环境来看，除了少部分有转型红利的行业，存在倍增机会的行业并不多。大多数企业还是要先把“生死线”踩实，再谋增长。

2. **发展高于利润**。生存线之后再求发展，发展意味着一定要把你的资源投入那些长期有效的领域里面。说白了就是企业不要过于贪图利润，利润是装在股东口袋里的钱，装多了别人会看不惯。尤其是与民生相关的行业，暴利是不符合社会利益的，不会有长期的存活空间。但是，企业到社会上四处撒钱也不一定是件好事，毕竟这些资源只有在企业里才能创造更大的社会价值。所以**企业要把资源优先投入在那些对顾客、对整个社会有益的环节中去，不要留那么多的利润让股东变现。从长期来看，不留太多恰恰留了很多，这就是辩证法**。企业一定要有合理利润的理念。

（三）低调，企业家该干企业家的事儿

在中国经营企业，低调是特别重要的一件事情。

中国正处于大变化、大迭代的发展周期，世界上没有任何一个国家的企业，要面对中国这种快速更新、快速迭代的变化，过去三年还是正确的事情现在就不一定正确了。

有人说，互联网是有记忆的，但没有人有耐心去查看完整记忆。你在一个场景里所言所行是对的，但在另一个场景下就

不一定对。比如联想集团现在的机制模式是按照 GE 的标准建立的。在 2002 年、2003 年左右，GE 的韦尔奇在全球企业界的威望不亚于乔布斯，不亚于任正非。大家那时都在学 GE。GE 的发展模式，在那个时期代表企业的最高水平，起码是代表企业家当时的认知水平，联想是照着 GE 的模式来建立企业治理体系的，包括对经理人的激励机制、对经理人与股东之间的关系、对产业的理解等。可能正因为 20 年前把那套模式做得太好了，导致现在的不适应，那时候能够引起社会共鸣的表达，现在听起来好像都是问题。

当然，**这也说明了企业刷新的重要性，你不及时自我更新，社会就会逼迫你自我更新**。

所以对于企业、对于企业家来讲，埋头拉车永远不会有错，你的使命还是要把你的企业做好，把客户服务好，把你的员工带好。企业家的责任最小限度是给别给企业招麻烦，企业专注自己的事情都不容易，为什么还要给企业招麻烦？企业家保持低调，我认为是特别合理的。

有人问我选哪些企业的股票有前景时，我经常开玩笑地说，凡是那些试图当青年领袖的企业家，凡是喜欢对社会事情议论的企业家，就不要拿他们企业的股票，不靠谱。低调对于企业，对于企业家来讲是一件特别重要的事。

以上，刷新、保守、低调，是我对企业建议的 2022 年年度关键词。

孙波：寄语 2022 年中国企业——归位

如果说用一个关键词来作为 2022 年的年度关键词的话，我想是“归位”。

彭剑锋教授讲了 2021 年、2022 年是中国经济下半场的开局之年，政商和营商环境都发生了真正的变化。为什么会有这些变化？我认为恰恰是尊重规律的体现，回归到发展规律、发展逻辑上来了。

比如很多年前经济学家就在说“警惕中等收入陷阱”，现在虽然不怎么提了，但是中国走出中等收入陷阱了吗？并没有。从经济学的规律来讲，“中等收入陷阱”最突出的表现就是，经济社会结构性矛盾的集中爆发。这个问题需要被解决，不解决就跨越不了中等收入陷阱。为什么我们说政商环境、营商环境发生了巨大的变化，就是因为现在到了矛盾需要解决的临界点。**这就要求经济社会发展回归到尊重发展规律上来，这是发展逻辑的归位，这是第一个“归位”**。

孙 波

归位的第二个问题，是责任归位。比如说互联网发展之后，基于客户需求满足，一些电商外卖平台快速发展起来，但这些平台产生的背后是资本驱动，在资本驱动下高速发展的同时带来了新的社会问题。比如说平台上出现了大量的灵活用工现象，送货员、外卖快递人员，这些人在年轻力壮时，从事这些简单劳动没问题，但到了五十岁以后，不具备劳动竞争能力的时候，怎么办？他们在技能养成的最好阶段，从事的是相对来说不需要什么门槛的简单劳动，在平台上灵活就业，既没有培养劳动技能，而且有些还存在基本劳动保险不能保障的问题。这几年出现的几宗很有代表性的事件，比如快递员生重病的医疗保障，发生生命意外时的赔偿问题，等等，事实上已经暴露出灵活就业平台背后深层次的社会问题。

这些问题，仅靠企业平台是没有动力去解决的，这就需要国家层面来解决，也就是说政府责任要归位，要搞清楚从长期来说是解决就业，还是要解决人的就业能力。政府要从宏观调控层面来承担这个责任，而不能把这个问题留给劳动力或其家庭。

第三个归位，头部企业也要归位。对于头部企业来讲，必须考虑盈利的方式问题，是不是只要能满足顾客需求的钱你都需要去赚，只要有赚钱的生意你都要去做？比如社区买菜，大企业去做这个事儿是能赚钱，也能满足顾客需求，但这是不是你应该干的事儿？大企业都去赚这个钱的话，还谈什么生态？所有有利益的地方就只你这一个“物种”了，那还有什么生态？**生态不是跑马圈地，不是天下能赚的钱你都去赚，不是利用技术力量搞垄断，用算法算利益。**

所以大企业也要归位。一些高科技企业，打着满足客户需求搞的所谓的技术创新、模式创新，本质是用技术霸权的方式搞垄断。这不是真正的创新，而是对科技的亵渎。对比世界上的那些高科技企业，马斯克的“星链计划”是在考虑整个人类的未来，谷歌在做“最贴近物理世界”的研究，我们的所谓高科技公司，就弄个了社区买菜的“创新”吗？

从企业经营上来说这叫降维打击。但大企业为什么要降维呢？大企业获取了大量的社会资源，把人才垄断了，资本也垄断了，好不容易成为世界 500 强企业，为什么现在要去跟中小企业、跟社区门店抢生意？这些头部企业没有归位到自己的“高科技”定位上来，没有真正理解高科技企业价值创造的意义和方式。

科技向善就是归位。科技进步、科技创新带来的并不总是福音。比如数字化可能会带来新的霸权，那些垄断了人才的企业，加上资本的力量，通过数字化技术应用，他可能就能形成新的知识霸权。

科技不向善，科技的发展对人类就是灾难。最近我听基因专家尹烨的一个访谈节目，他谈到，国际上是有共识和公约的，用于研究的人体基因只能保存 14 天，14 天之后必须销毁，这就是防止一些科技狂人利用这个基因去制造人类灾难。科技发展到了一定程度之后，必须强调科技向善，科技是为人类造福的，而不是相反，这就是归位。

归结起来，在新的一年开启之时，作为一个社会科学学者、一个企业管理咨询服务者，如果说要讲一个关键词，我想用“归位”这个词。对企业如此，对管理学科研究或管理咨询工作也如此。

归位就是尊重规律、相信规律、依据规律。就像前面说的，现在我们面临的“中等收入陷阱”问题，在 20 世纪 60 年代到 80 年代，一大批国家也面临过，“拉美旋涡”“东亚危机”都是发生在这些国家迈入中高收入阶段的时候。所以说，要尊重经济社会发展规律，规律是不可逆的，只有面对它、解决它。

对管理学研究者来说，管理学理论本身也要归位。理论要用来指导实践，就要赋予理论活的灵魂，这才是理论的价值。

企业组织和管理怎么归位？组织有组织的逻辑，管理有管理的规律。华夏基石有个说法叫“所有的企业都需要一部基本法”，我很认同这个理念。这就是在回归组织的本源，回归到管理的本源。基于一个共同的目的，一群人有结构地集合在一起就是组织，共同的目的就是企业的基本法。通过基本法规定企业的经营逻辑、事业边界和共同准则等，不能说变就变。

关于 2022 年的展望，我想我就分享“归位”这个词以及对它的一些初步理解，与大家交流。

单敏：一瞥惊鸿过，不外彩云间

首先，我对自己的定位是“不懂”，不像各位老师，我是真不懂，参与这些讨论的场合也比较少。因为这几年在家里以打坐为主，也去悟一些人间的事，稍微懂了一点，也敢讲一点了。

说到 2022 年的不变和变，很多东西是不变的，当然确实也有变的因素。从个体的角度看去，世界特别大，岁月比较长，除了新冠肺炎疫情，整个世界还是比较和平、有序的，从这个角度来讲，**所谓变化叫“一瞥惊鸿过，不外彩云间”，世界从本质上来说，既在变化，又没有太大的变化。**

从企业的角度来说，从不变看变，更能保持清醒与理性。

第一个不变，客户、产品、人。回想一下，我是 2005 年到的华夏基石，到现在为止华夏基石提的理念一点都不过时。华夏基石最大的理念是什么？第一是客户；第二是产品；第三是人。我们提出“与客户共成长，为客户创造价值”。客户、产品、人，这是华夏基石的理念。从 2005 年到现在，我认为没有变过。从这个角度来讲，这个世界虽然有很多变化，但是华夏基石从事管理咨询，为客户带来价值的理念至今没有变过。我们服务过的企业，很多也在坚持这个理念，所以这些年不仅活着，而

单　敏

且有长足的发展。因此，客户、产品、人，这是第一个不变。

第二个不变，老老实实做事，诚诚恳恳做人，不忽悠。2021 年倒下的企业是不是都在忽悠？可能忽悠别人的时候，最后把自己忽悠了，因为自己觉得自己是行业老大，自己觉得牛得不行，最后在忽悠别人的时候把自己也给忽悠了。

前几年我们在海南做项目时，了解到一个地产商在海南开了一个楼盘，这个楼盘非常之大，可以包机邀请客户去看房。我们的客户跟我们说了一句话：你别看这个企业的楼盘宣传得那么厉害，实际上是在海南岛边儿上的一家化工企业旁边开的楼盘，这个楼盘都能闻到化工企业飘过来的味道。看起来那么大的房地产公司、那"高大上"的楼盘，本质上是在忽悠人，也在忽悠自己，很多老板就在这五彩泡泡里感觉良好，可泡沫终有破灭的一天。所以，**老老实实做事，诚诚恳恳做人，企业与人，都一样的。**

第三个不变，守正创新。当时我们给粤电企业做企业文化的时候叫作"守正创新"，企业可以有创新，但是企业更重要的是守正，创新是在守正的前提下进行的。

着眼于不变，我们要看到的变化是什么呢？

第一，我们需要有更大的紧张性。我每天早上起来先要看全球的新冠肺炎疫情数据，西欧国家的疫苗接种率很高，以色列的疫苗接种率也很高，但是最后还是没有控制住，那就说明在相当长的时间内，有可能人类要跟疫情共存。在疫情下，企业怎么样做好最坏的打算？

第二，要有活下去的意志力。好死不如赖活着，中西方一样。我们以前读书的时候，读裴多菲的"生命诚可贵，爱情价更高；若为自由故，两者皆可抛。"同学们总结说，对中国人来讲，这首诗可以改成"生命最可贵，爱情价也高，但和自由比，两者不可抛"。做企业如做人，做企业要有活下去的意志力，无论什么情况下保证自己先活下来。同时还要"活好"，所谓的"活好”是说企业碰到的不一定是好事，碰到坏事也正常。但是碰到坏事之后有两个结果：第一个是你通过这个事儿反而能力更强了，第二个是碰到事儿把自己做砸了。第一个叫不怨天尤人，埋头做好自己，第二个就是牢骚满腹，怨天尤人，最后做砸了。所以第一要活下去，第二要活好。

第三，要更有专注力。如果涉及好的产业机会，无外乎做更大的转型，但是我们看 2021 年资金链断掉的企业，海航、方正、恒大等都是缺乏专注，不是在自己的核心能力上加分，而是认为哪里有钱就去哪里赚。

第四，战略上可以基于核心能力的拓展。一个企业和一个人一样，不是说什么都能干、什么都能干好的。**一个人一生能具备一种专业能力都需要孜孜以求，即便是能做点别的，那也是基于核心专长的延伸**。**企业也是一样的**，不是说别的什么都不能干，而是要基于核心能力的扩展。华为为什么可以做汽车，因为它是基于自己的研发核心能力和系统整合能力去做的业务延展。创新一定是基于核心能力的创新。

分享如上，旨在交流沟通。

夏惊鸣：与其被动“挨打”，不如主动“折腾”

关于2022年中国企业面临的新环境、新活法，结合目前社会的整体环境背景，我先提出两个观点：

第一，转型升级这个时代性任务，中国企业现在还没有完成，仍然在路上。我从2013年就开始讲，中国经济是“L”型，“L”型这一横比较长，转型升级仍然“在路上”。**理解经济发展形势其实很简单，就是看有哪些增长点和衰退点，本质上是增长点与衰退点的此消彼长，增长点与衰退点的时间赛跑。**

我在2017年底、2018年初，总结了中国经济有七大红利，目前看，基本都应验。但我们又到了一个很困难的纠结点，原因在于多年以来，很多的增长是为了保护增长而增长，是伪增长。像新能源汽车、5G等可以带动大量产业增长的引擎性增长点还没有真正爆发。而且，原有引擎式产业已经紧绷到了极致状态，如房地产；还有在疫情影响和一些行业整顿政策影响下，服务业有一个集中的衰退；互联网等投资的泡沫也可能到了“裸泳”时刻的边缘。2022年及以后3年应是艰难的状态。

夏惊鸣

第二，经济转型的同时，中国已进入全面转型阶段。过去说的转型，更多是企业的转型、经济的转型，但结合这两年凸显的一些事件来看，我们正迈入社会的全面转型，这个特点也是需要注意的。

尽管艰难，但从长期来看，社会发展一定是不断向前的，而且，我以前分析的七大红利仍然还在。因此，我还是先讲讲中国经济的七大红利，并着重讲讲其中的四大红利。**我们要在洞悉未来趋势中，做好现在的应对措施，在寒意中看到阳光照射在哪里。**

一、经济转型：预见持续发展的“七大红利”

2017年底、2018年初，我讲了中国经济有七大红利（参见《华夏基石管理评论》总第55期），现在回过头来看这个判断是对的。现在这些红利基本上已经凸显出来了，而且这些红利有一个较长的周期。

链接：夏惊鸣谈中国经济“七大红利”

（1）人口红利。第一是消费者，第二是人才。中国是一个大消费市场，又是一个拥有巨量人才的国家，尤其是工程师人才，我们还存在消费升级和人才升级的红利。

（2）新技术周期红利。5G技术、新能源汽车等都是我们的新技术周期红利，都是几十万亿美元的市场。我们要尽快告别路径依赖，关注新技术带来的新机会，包括技术带来的消费升级的机会。消费升级其实包括两种含义，一种是中高端收入人群增加带来的消费升级；另一种是通过技术、产业链的改造，低收入人群也能过上有品质的生活，这也是一种消费升级，这里面也有很多的机会。

（3）进口替代。如果我们的企业在产品品质、品牌附加值、创新创意、服务上向世界级企业靠拢后，形成了进口替代，这是一个很大的市场。

（4）全球化红利。全球化并没有消失，对中国来讲还有机会。因为全球人民追求幸福生活的愿望是共同的，即便是非洲也在持续进步，中国也依然存在可利用的优势。

（5）产业结构红利。美国服务业GDP占到了总量的79%，虽然中美两国情况不同，我们不可能形成像美国这样的产业结构，但我们的服务业还有很大的发展空间，产业结构优化还会带来很多的发展机会。未来，我国农业占比可以降到2%左右，工业可以控制在30%~40%，当制造业实现无人化以后，我认为服务业完全可以达到60%左右。

而且，我们的经济总量还在增长。特别是中国城镇化建设仍然是一个经济增长点。城镇里的教育条件、医疗条件等都要优于农村，由此产生的“虹吸”效应也会使得城镇人口越来越多，随之而来的，城市的服务配套就有继续增量的可能。比如教育服务、医疗服务、体育服务、生活服务，等等。假设我国服务业达到60%的产业占比，那我们还有将近20%的增长空间，这个量是很大的。虽然这不是短期内能达到的，但我们应该看到，只要存在差距，就有发展空间。种种机会就隐藏在其中，我们的产业结构红利依然存在。

（6）劳动力结构红利。在中国当前的劳动力结构当中，还有相当一部分劳动力，价值创造的效率相对比较低，比如说机关事业单位及大型国企的冗员，未来通过机构改革、人才市场化改革等，释放一部分到市场上去，激发他们的价值创造潜力，同样，留下来的人也必须提高效能、发挥更大的作用。

中国还有六七亿农民，他们缺乏一定的知识和技能，而且土地资产又不属于他们，他们想创造价值是有难度的。如果随着农村土地政策的完善，让农民也拥有资产、拥有资源，他们就拥有了创造更高价值的能力。

（7）中国文化红利。比如，中医中药是很适合利用大数据的，完全可以把中华医学的古老智慧，通过大数据归纳、通过智能化的技术进行发扬和发展，让中医中药真正走向世界。

下面我重点讲四个红利。

第一，新技术周期红利。

2021 年的新能源汽车增长是新技术周期红利。但我认为，新能源汽车真正的新技术周期还没有来，这个新技术还没有完全突破，但是这个红利的临界点已经在前夜。等到新能源技术真正突破以后，全球会有二十万亿美元的市场将进行重构。

在新能源领域方面，光伏、风电等都实现了真正突破，因为它们已经实现了平价上网。现在光伏上网的电价比煤电还便宜，这个是真正有突破的，未来会带来很大的增长。

一方面需要我们注意节奏和泡沫风险，另一方面，恰恰是很长的机会期。

还有 5G 技术，也是新技术周期的红利，但由于中美角力延缓了中国 5G 技术的进步、5G 替代的进程。如果 5G 或者 6G 实现之后，VR 体验也将得到质的突破，那么我们的手机、电视、电影院、游戏机……很多场景都会发生改变，这又是新的增长点。最近火热的元宇宙就是基于此。

但我们需要注意的是，很多引擎性新技术目前还没有真正突破，包括新能源汽车、5G、VR 等。

因此，一方面需要我们注意节奏和泡沫风险，另一方面，恰恰是很长的机会期。

这也就是新技术具有的迭代风险和机会。如果投资节奏不对，技术迭代会让前面的投资变成负资产，如果节奏精准，利用技术迭代机会或者是自己掌握了迭代技术，就有可能异军突起。

第二，产业替代及重构的红利。

中国各行各业都在产生进口替代，比如说我们2021年服务的一家企业——雪川食品，就是做薯条的。原来薯条都是国外的公司做，现在雪川食品在薯条领域是中国的隐形冠军了，它的市场占有率超过了一半。各行各业都在发生进口替代，这是一个比较长的过程。

传统行业进入技术迭代的缓滞期，传统行业的国际领先者一般领域多元，同时极有可能出现创新倦怠和人才吸引力下降。另外，随着行业发展，领先者的装备、人才、技术、供应链等都会外溢，原来某个企业的优势会变成整个产业的基础。**后来者聚焦一个领域，形成"老板与经理人"的竞争**（小公司的司令员是老板，大公司的司令员是职业经理人，那么在决策、反应速度、意志、动力、洞察力和拼搏精神上会形成差异），坚持"以客户为中心的创新"，把以客户为中心做透，比客户还了解客户，基于客户痛点和竞争的亮点（差异化）进行创新、改进，极有可能替代或"蚕食"传统领先者的市场份额。

另一个我们要注意的是互联网时代、数字化时代给各行各业带来的重构。比如一个新的消费品要成功，最大的障碍是什么？品牌和渠道。你要让消费者知道你、相信你（品牌）、能够买到你（渠道），这在过去要费很大的劲，在互联网时代，这两大障碍的影响大大消除了，当然这就需要互联网运营的新能力。大家看为什么小米、元气森林，包括悦刻电子烟等企业那么快异军突起，跟互联网运营红利不无关系。

第三，全球化红利。

尽管现在出现了逆全球化现象，但我坚定地认为全球化是不可能中断的，**逆全球化的本质是全球格局被打破，当全球格局从动荡进入新一轮稳定阶段，全球化会进入一个高涨期。**

而且，我们需要意识到，互联网时代对全球化竞争的影响，尤其是消费品领域，品牌、渠道的逻辑同样在发生根本性的变化，这些都是机会。疫情尽管带来了很多不利的影响，但也推动了通过互联网在国际市场上进行品牌推广和渠道开拓的步伐，跨境电商的兴盛与此不无关系。

但是，我们现在需要想一想，疫情结束后，会有哪些重要变化。比如，疫后重建，会不会有新一轮的贸易壁垒出现？那么，现在应该根据什么节奏做好什么样的布局？

中国要成为强国，要在引擎性技术产业如互联网、通信、新能源汽车、生物生命工程等领域具有全球领先竞争力，同时一定是全球发展。这是一个必然。

任何一个动荡、纠结的时期，都会是变革者、布局者的机遇。我们需要思考：当下是中国企业布局未来全球化发展的好时机吗？为什么？

第四，中国文化红利。

原来我预计中国文化红利会在海外发生，而现在是在国内发生了。民族文化兴起，主要是国内形成了对中国文化的自信，随着中国的强盛，中国文化也将会带来很大的红利。当然我们要警惕夜郎自大。

另外，这段时间，各种观点冲突层出不穷，我感觉中国到了一个全面转型的时期。下面我谈谈对全面转型的一些个人观点。

二、政治转型：不是倒退而是升级

2021 年，党中央国务院提出了共同富裕的政策（2021 年，《中共中央国务院关于支持浙江高质量发展建设共同富裕示范区的意见》发布。——编者注），企业界对此非常关注，好几个人在微信上问我怎么看共同富裕。我的回答是不要过度解读就好。共同富裕政策在改革开放之初就提出来了，是邓小平建设中国特色社会主义理论的重要内容，并不是突然出来的一个政策，预示着什么重大变化的信号。这应该是中国发展到一定阶段的必然，也是支撑中国持续发展的一个基础。

坦率地讲，我个人对中国的政治是抱乐观态度的。市场经济的方针不会动摇，政治转型升级不会开历史倒车。我理解，仍然是以效率优先的第一次财富分配为主，第二次分配、第三次分配一定是通过税收政策实施“先富带后富”。而且共同富裕的实现，主要是依靠第一次财富分配机制的驱动，而不是第二次、第三次。

共同富裕政策在改革开放之初就提出来了，是邓小平建设中国特色社会主义理论的重要内容，并不是突然出来的一个政策，预示着什么重大变化的信号。

包括对教培行业的整顿，我个人认为是对的，应该整顿。一方面，推动素质教育；另一方面，促进机会均等。但是方向和对象是不是值得商榷？**大学不改变，中学是改变不了的。**因为中学生的需求是上大学、上重点大学，这个源头需求满足的方式不改变的话，即便是整顿了教培行业，还会滋生一些其他形式的教育服务，甚至可能导致教育成本更高。

还有互联网产业，在初期，资本推动免费体验是消费者教育，这是任何一个新事物普及都需要的教育成本。但在现在，已经演化为资本推动垄断的掠夺式发展，可能会变成经济发展的毒瘤，**至少所谓的补贴不再是消费者的教育成本，而是恶性竞争的“反倾销”性质。**互联网企业另一个问题是要回归提升产业效率，实现顾客价值，**不要让“计算力”变成“算计力”。**同时，需要注意的是，互联网企业的逻辑也在发生改变，“浮财”机会越来越少，而是要深入基于客户价值的产品创新，深入产业的各个环节、各类场景，进行变革创新。我可以预见到，未来一堆流量型互联网商业模式的投资都会“裸泳”，再过一个阶段，会是智能化和半导体投资热潮后的狼藉。

三、社会转型：培育科学理性精神

相比较于经济转型和政治转型，我认为中国的社会转型才刚刚开始，且任重道远。例如，**我认为今天我们仍然需要大大提倡科学理性精神**。

观察此次司马南抨击联想事件，尽管没有哪一个人、哪一个公司是不能评论或批评的，即使批评错了也没有问题，但任何事情都要放在特定的、具体的环境中，以及历史情况中去评价，不能脱离开来这些。如果用“抓辫子”“批斗式”“清算式”的方式，进行道德绑架和舆论“围剿”，这就不是在理性地、科学地讨论一个问题了。

另外，还有一种现象。我记得经济学家张五常曾经讲过一番话，他说在中国讲课的时候让听众提问，他观察到听众一般会有两种情况：一种情况是他抛开你的内容，自己洋洋洒洒开始演讲起来，而且观点似是而非；另一种情况是在判断一个事情的时候不是一种理性的分析，而是喜欢“盖帽子”，经常出现情绪化的、站队式的表达。

迎合上级、相互吹捧的语言贿赂，让我们的沟通不直接、不真实，这也是远离科学理性的一种现象。

我们的文化氛围中还有一种较为普遍的情况就是，无论在小组织还是大组织，都会存在着迎合上级、相互吹捧的语言贿赂，让我们的沟通不直接、不真实，这也是远离科学理性的一种现象。

如何更广泛地树立一种科学理性精神，实事求是，应仍然是我们社会建设的一个核心课题。

四、企业转型：走出转型的混沌

企业转型我们讲了这么多年，大家都在讲，各种概念满天飞。回过头来看，我还是那句话“按照常理做企业”，我们需要走出转型的混沌。

（一）转型与价值牵引

包括数字化转型，为什么那么多企业很迷惑，到底怎么搞数字化转型，这里面有什么密招？其实最核心的还是价值牵引，我们通过数字化能够实现什么样的价值，要把这个事情想明白。

最近有人跟我探讨，说要搞数字化转型，我马上问他，你通过数字化转型想解决什么问题，带来什么价值？要先把这个事情想明白。如果不把这个事情想明白，总觉得数字化就是一种密招，搞了数字化转型就麻雀变凤凰，这是不对的。我们要回归到常理，数字化转型也需要价值牵引。

比如，乐活运动的数字化转型就是场景数据化、用户标签化。每个人一进它的门店、一刷卡，就有了“标签”：这个用户是谁？在这里做过什么运动，撸铁还是跑步？每项用多长时间？进门一个场景，撸铁一个场景，跑步机一个场景，门店周边是什么环境又是一个场景，这就是场景数据化、用户标签化。

这样的数字化能带来什么价值？举个例子，假设乐活的某家健身门店在地铁站旁，地铁站的末班车时间就是一个个场景数据。假设末班车是 23 点，那教练最后一堂课几点下课最好？一定是 22:40，这样可以留出 20 分钟给客户收拾好衣物，然后坐上地铁末班车。那么这节课报名的人就会爆满，给企业带来最大化价值。所以，数字化到底带来什么样的价值？各行各业的数字化，都要把价值牵引这个点想明白。

如果数字化的价值想不明白，数字化不但不能带来价值，反而会带来“伪价值”。2014 年，我给一家生产电器控制器的企业做咨询，他们当时提出来智能家电，比如说给洗衣机装一个传感器，装完以后可以监控这个洗衣机的运营状态，如果有故障的话这个数据可以上传到云端，云端连接维修部。这个听起来很美好、很智能。但我当时一听，马上就说你们千万别这么干，洗衣机十几年都不坏一次，极个别的洗衣机才坏，给洗衣机装上传感器，还监控它的运营状态、传到云端、连接维修人员，这会极大增加成本，而用户不会为这个看起来很美好实际没什么用的“伪价值”买单的，企业如果盲目跟风，就是死路一条。

所以，企业转型一方面有很多的增长点，就像我们前面讲的“七个红利”。另一方面，转型一定要有价值牵引，要把客户价值想明白。

企业转型一方面有很多的增长点，就像我们前面讲的“七个红利”。另一方面，转型一定要有价值牵引，要把客户价值想明白。

（二）机会与核心竞争力

企业一切的痛苦都源于要么没有机会，要么没有核心竞争力。

战略里面有两个方面是需要提前布局的，否则当你发现有问题的时候就来不及了。哪两个方面需要提前布局呢？

第一，业务组合。所谓的第一增长曲线、第二增长曲线、第三增长曲线要提前布局，如果没有提前布局，当企业的第一个业务已经步入成熟期，甚至衰退期，才开始找第二增长曲线，为时已晚。

第二，核心竞争能力。核心竞争力需要持续经营、不断形成。我们在企业做咨询时，一讨论企业的核心竞争力，很多人就讲，老板是核心竞争力。这是完全错误的。

核心竞争力一定是一个经营过程。比如说原来的OEM公司，什么都不需要，研发、渠道、品牌都不需要，有订单来就开始赚钱了。看似活得很好，但不沉淀自己的核心竞争力，国际贸易环境一变化，订单瞬间就没了。这时候就傻眼了，要品牌没品牌，要渠道没渠道，要技术没技术，甚至连产品能力都没有，只有生产能力。2008 年金融危机之后多少企业无能为力，就是因为没有提早布局核心竞争力。

所以企业转型说一千道一万，没有什么“密招”，要突破、要增长，就得清楚自己的增长机会；要保护自己的增长、实现持续增长，必须老老实实在成功要素上持续投入、做功，形成壁垒，培育自己的核心竞争力。

（三）专注与多元化

我主张是：在萎缩的产业，尤其是离高壁垒比较远的企业，不是专注的问题，而是寻找新机会的问题。这个时候的多元化，不是真正的多元化，而是寻找主业。

比如深圳某家公司，原来的市场萎缩，现在要去做新能源车相关材料。有人说，你这是不是不专注聚焦了？但原来的产业已经在萎缩了，那为什么还要专注？应该趁着有新技术周期红利的机会赶紧换道，该换道的时候就要换道。

只不过在抓到新机会后，一定别忘了打造核心竞争力和组织能力，不然，即便取得了一定的成功也是昙花一现，然后就是惶惶不可终日。

当然，在一个值得专注的领域，那就专注做好，做到领先是第一要务。

（四）生存与折腾

现在大家都说，企业第一要务是活下去，不要乱折腾。当然，这是对的。但是如果把它理解成不创新，不发展，那就大错特错。我们还要记住这几句话——“穷则思变”；不变革无生存；发展问题也是生存问题。不要乱折腾，应该理解为不要像过去那样抢机会、粗放式投资，也不要盲目相信什么这模式、那神招，要好好地沉浸在市场里，研究客户、研究竞争，好好地思考帮助你创新的人才在哪里，如何吸引、合作和激发他们的创造性。

最后，无论是活得好的企业，还是活得不好的企业，总结一句话：活下去，要折腾；活得好，也要折腾，组合能力、激发活力、不断创新，实现更高效地创造客户价值！

孙建恒：从投资视角看2022年的趋势与机会

展望2022年，我从投资的角度，分享一下我注意到的几个大的发展趋势与商业机会。

第一个大的趋势是碳中和。我认为在碳中和这个事情上，世界离不开中国。美国在很多方面可以不跟中国联合，但是在碳中和、碳排放领域一定要跟中国联合起来。

另外，中国能源依赖大量的石油进口，而一些国际原油的交通要塞又被其他国家卡着，这些地区一旦发生极端情况，对中国这样一个能源需求大国是灾难性的，因此新能源替代传统能源就成为必然选择。

中国在碳中和方面，未来三四年内会有很多积极举措。比如很多燃油加油站可能会改建成电力的。在新能源方面，风电、光伏这些电力运营商将会因为碳中和政策受益，整个产业发展势头强劲。比如新能源的企业，将会在这次大的变革中受益。中国本来就能源短缺，所以新能源是个必然趋势。比如我们投资的金源新材，主要做锂电池的回收再利用，符合国家“十四五”规划。伴随着碳中和政策，新能源汽车消费量未来快速提升到50%的水平，会产生大量的废旧电池，这些电池的拆解和回收就会形成一个产值巨大的领域。而金源新材这样的企业在环保方面全部是零排放，也进入了中国政府的节能环保白名单，我们投完以后，很多基金积极跟进。

孙建恒

这种企业符合产业的大势，未来必将会带来可观的回报，对社会产生非常巨大的价值。

第二个大的趋势是数字化。碳中和带来很多管理体系的变革，包括数字管理、能源管理等系统性的建设机会。很多企业都在做数字化，但是业界做得好的屈指可数，如航天云网、树根互联、蘑菇物联等。其中蘑菇物联是我们投资的一家做大型生产企业空压机数字化、信息化的企业。通过对企业生产车间的数字化改革升级，提升效率，降低成本，节约能源，这些都符合大的产业趋势。刚才说了数字化确确实实需要花钱，但是在单点上，比如生产车间的数字化长期来看是节约费用的，产生价值的数字化才更有意义，数字化是需要实实在在投入的。

第三个大的趋势是高端制造领域。高端制造科技领域的国产替代，我认为机会还非常大，高端制造产业一定会出现国产替代化的趋势。

另外，还有几个科技类的趋势。比如说大视频、自动驾驶、AR/VR。从大视频这个产业可以看到电视成规模地制造出来，包括京东方、华星光电，使得电视价格越来越低，给整个产业带来了内容、数据、平台，以及后台运营巨大的机会，这些机会都是企业应该去洞察的。

元宇宙、AR/VR，这些东西都属于非常重要的产业，未来三年会有实质性的变化。关键的时间节点就是这些领域推出的应用型产品，这些产品将推动整个产业链的发展，就像苹果推出了 iPhone 对智能手机的发展推动、特斯拉的推出对电动汽车产业的推动一样，会带动整个产业的变化。类似这样一个节点现在到了。

自动驾驶也是挡不住的趋势，一般情况下我们低估了五年之后的趋势，高估了近两年的变化，但是这个产业趋势你是挡不住的，“地平线”（机器人技术研发公司）原来差点儿破产了，现在它主要从事自动驾驶的芯片，赶上了自动驾驶的产业发展趋势，目前发展势头就很好。

以上是从产业投资的视角看科技领域的一些机会，建议企业要去做深度的市场洞察，要抓住这些机会做转型升级。

从管理方面来讲，企业重要的还是做好自己，对标客户，提升客户价值，提升客户满意度。2022 年会进入资金相对宽松的一年，但是只有迎合国家产业发展的企业才能获得更多支持。一般堡垒都是从内部攻破的，因此，企业只有精心做好产品，做好服务，做到差异化的竞争优势，那么你就会获得客户的认可，才能有质量地活下来。

同时，想要企业持续有质量地活下来，要像彭剑锋老师说，用新人很重要。很多企业转型失败，根本原因就是用“老人”去推动转型非常艰难，因为“老人”有固有的思维、固有的利益，某些层面根本推不动，企业的机会都被拖没了。所以转型升级，用人是非常关键的，会用人、用好人，一定要用年轻人、用新人来做新产业、新事情。

注：本栏目文章根据内部讨论内容整理而成，作者观点仅为个人所见，如读者有不同意见，欢迎与我们讨论交流。

洞见

CHINA STONE

企业首先应该学会的是参与产业价值链的竞争，而不是寻找做买卖的机会。这也是做事业还是做买卖的区别。

——彭剑锋

在中国新的市场环境和营商环境下，未来企业成功靠什么？

回归规律不迷航：中国企业变革成长的五大底层逻辑

■ 作者｜彭剑锋

我们确实处于一个大变革的时代，未来，企业想要成功，一定要突破野蛮生长的阶段，回归到做企业的基本常理和底层逻辑上。

底层逻辑一：坚持长期价值主义

中国企业发展到今天，要应对外部环境的不确定性和高度复杂性，要走出许多企业“大而肥、大而不强、肥胖而不强壮”的困境，要走出许多企业“活不长、做不大”的陷阱，真正实现高质量的发展，实现可持续的成长，最根本的是什么？最根本的就是要回归到企业的价值观，回归到企业经营管理的底层逻辑，去重构企业的组织与能力，真正以长期价值主义思维，摒弃短视与投机。

一、长期价值主义，是将努力累积成奇迹，在正确的路上享受时间的福利

什么叫长期价值主义？**我认为长期价值主义就是摒弃投机主义与短视主义，确定宏大而长远的目标追求，为理想和长期利益而持续奋斗，一旦确定了目标就心无旁骛，以足够的耐心和定力，长期坚持做好心中认定的大事。**能做到这一点的人，或者是伟大的企业家和卓越的企业，应该说都是长期价值主义者。

像任正非就提出，真正聪明的人都坚信长期价值主义。我认为华为的成功在某种意义上就是长期价值主义的成功，首先，华为不赚快钱，不捞浮财，做“忍者神龟”。任总要求研发人员冷板凳坐 10 年，要学乌龟精神，一步一个脚印，饱和进攻，集中有限资源猛攻“城墙”的同一个地方。其次，就是它的这种长期艰苦奋斗的精神。还有像高瓴资本的创始人张磊提出，说长期价值主义是一种价值观，是一种格局观，也是一种方法

论，流水不争先，争的是滔滔不绝。所以他认为长期价值主义，是将努力累积成奇迹，本质就是在正确的路上享受时间的福利。

按照张磊的观点，长期价值主义就要与时间交朋友，与大格局者同行，要有足够的耐心和定力为长期目标持续奋斗。字节跳动创始人张一鸣也提出，长期价值主义就是目光放长远，延迟满足感，我认为这个理念是非常到位的。很多企业缺乏长期价值主义理念，追求赚大钱、赚快钱、捞浮财的快感，不能延迟满足感。所以张一鸣提出，长期价值主义，是一种有长远目光，有放弃即时满足的自我控制力和忍耐力。一个企业最宝贵的能力就是追求企业长期可持续发展，真正去打造百年老店，在实现长远目标的路上耐得住寂寞。

二、长期价值主义的十大特征

那么长期价值主义具有什么样的特征？我把长期价值主义归结为十大特征。

（一）远大的目标追求与坚定的意志力。长期价值主义者都是目标高远，有远大事业追求的企业家。企业家从做生意到做事业，不是追求能赚多少快钱，能捞多少浮财，而是追求企业的可持续发展，真正去做百年老店，做百年品牌。具有长期价值主义的企业家，一旦选定了赛道，选定了目标，就坚持自己坚持的，相信自己相信的。所以长期价值主义者，要制定足够高远而激动人心的目标。像三星的李健熙，一上台就提出，三星要成为世界第一而不是第二；华为在 1998 年起草《华为基本法》时，就提出华为要成为世界领先企业的目标追求。

（二）有客户第一的文化价值取向，真正去打造为客户创造长期价值的能力。没有为客户创造长期价值的能力，不能说是长期价值主义者。因为没有这个能力，就不能持续去赢得客户的信赖和忠诚，就不能实现品牌的长期价值成长。所以作为一个企业，长期价值主义的重要体现，就是企业要始终围绕客户，做有价值的事情，真正去构建以客户为中心的组织与流程，培育为客户创造长期价值的这一核心能力。

（三）摒弃投机主义。企业选择正确的方向与赛道，一旦选定，就深耕这个行业，以足够的战略定力和耐心，去掌控属于自己的成长节奏。一旦目标确定，就坚定自己的目标追求，步履不停，始终奋力向前奔跑。所以长期价值主义，一般都是聚焦于主航道，能够抵御与战略不相关的投机机会的诱惑。一旦选定了自己的赛道，就专心专注地按战略去打，将核心产品做到足够规模并取得规模优势以后，再相机进入相关多元的业务里面。

长期价值主义，一般都是聚焦于主航道，能够抵御与战略不相关的投机机会的诱惑。

（四）舍得为未来的长期发展投入和付出。长期价值主义者，能够为未来的长期发展投入和付出，注重软实力与内在管理能力的打造与核心能力的培育。尤其对人才技术管理等软要素、软实力，一定是舍得投、连续投、长期投。华为为什么现在具有全球的竞争能力？首先，华为最早提出人力资本优先的战略；其次，每年将销售收入的 10% 投入研发上；最后，与全球 30 多家公司合作，引进全球最优的管理工作方法。把钱砸在软实力上，砸在内在的管理能力上，注重核心能力的培育，这样就具有为客户创造价值的长期核心能力。

（五）做产品主义者。企业要硬气、有底气，硬在什么地方？硬在产品上，硬在技术创新上。所以真正的长期价值主义者，都注重技术创新，通过技术创新去实现产品的领先。同时弘扬工匠精神，打造精益的运营模式，强化内在的精细化管理，追求极致的产品，以及为客户带来整体的价值体验。像苹果，它的目标就是将产品做到最好，做出一个伟大的产品；像丰田，就是通过精益运营，真正做到质量好、性价比高。

（六）正确处理发展与稳定、创新与继承、短期与长期的矛盾关系，能够强化内部的监督、控制系统，有效控制经营风险。长期价值主义者都关注企业的经营现金流，关注企业内部免疫能力的提升，防止堡垒从内部攻破。所以真正的长期价值主义者，第一关注经营现金流及资产的变现能力，不会因为经济的波动，或者突发事件，出现现金流的短缺；第二就是关注内部的管理体系的构建，建立强大的内部体系，防止堡垒从内部攻破。同时，能够把握住成长的速度与节奏，能够把握好企业的发展与稳定、创新与继承、短期与长期的矛盾关系。

（七）敬畏规律，尊重常识，能够进行底线经营。长期价值主义者都是追求创造阳光利润，愿意付出守法成本，不断地优化，建立稳定的公司治理。他们对法律和规则有敬畏之心，愿意付出守法成本，这是长期价值主义很重要的一个特点。很多企业热衷于寻租，热衷于踏着法律边缘走路，热衷于突破底线去获取不当的利益。不能创造阳光利润，所以也不能享受坦荡生活。而真正的长期价值主义者，就是致力于创造阳光利润，追求坦荡生活，愿意付出守法成本。

（八）追究相关利益者的价值平衡，拒绝狭隘的零和游戏，真正构建利他共生的产业生态，承担相应的社会责任。长期价值主义者绝对不是把合作伙伴吃干榨净，他一定会构建良好的生态，通过构建利他共生的产业生态，去承担相应的社会责任。所以长期价值主义者一定不是追求企业本身利益的最大化，而是要追求相关利益者的价值平衡，这是长期价值主义的一个典型特点。

（九）组织内部具有独特并长期艰苦奋斗的文化与持续激活的人才机制。企业内部倡导以奋斗者为本，持续激活，持续具有艰苦奋斗的精神。如果一个企业惰怠，没有活力，没有长期艰苦奋斗的精神，是不可能持续生存和发展的，也不可能坚持长期价值主义。另外，从人才机制讲，整个绩效体系、评价体系、激励体系，不是以短期利益为导向，而是坚持长期利益导向，坚持长期激励，同时通过持续激活机制去激活组织，使得组织具有持续战斗力。

（十）不断进行自我进化与自我批判，主动走出舒适区，勇于变革，勇于创新。中国很多企业之所以活不长、做不大，我认为就是企业太自我，从自我走到自我膨胀，最后走到自我毁灭。企业家感觉太好，缺乏自我批判精神，不愿意走出舒适区，不愿意持续奋斗。一个企业如果缺乏危机意识，缺乏自我批判精神，缺乏变革与创新的活力和机制的话，这个企业是不可能长期持续发展的。所以说真正的长期价值主义者，一定能够自我进化、自我批判，能够主动走出舒适区，能够勇于变革和创新。

以上十点，是长期价值主义的十大特征。我认为，中国企业走到今天，必须回归到长期价值主义的思维，以长期价值主义思维，去摒弃投机与短视。只有这样，中国企业才能在新的政商环境下，真正实现高质量发展，真正基于数字化来转型升级。

底层逻辑二：培育“三大能力”制胜未来

最近两年，很多企业家开始感到真正的生存压力，感受到中国民营企业的生存环境和营商环境真正变了，因为靠投机捞浮财、赚快钱的机会越来越少了；靠政治寻租，踏着法律边缘走路，无底线经营，赚钱会越来越险，弄不好随时进监狱；靠假冒伪劣、粗制滥造产品去开拓市场，会越来越得不到客户认可，越来越没有市场，越来越难以生存；靠银行贷款举债经营，疯狂去收购兼并，弄不好随时会崩盘……

所以很多企业老板问我：**在未来中国新的市场环境和营商环境下，企业成功靠什么？**

我认为未来中国企业的持续成功，一定是靠能力的成功。**我把它归结为，企业持续成功靠“三力”：产品力、组织力和资本力。**

一、产品力

企业要产品至上，才有持续成功的生命力。

未来企业真正要赢得客服的信赖、赢得市场，必须靠产品，必须靠好的产品。如果没有好的产品，“以客户为中心”就是一个伪命题。

一个企业怎样才能拥有过硬的产品？

如果没有好的产品，“以客户为中心”就是一个伪命题。

第一，要实现技术创新领先。而要实现技术创新领先，就要持续加大技术创新的研发投入，要在研发上真金白银地砸钱，没有其他捷径可走。华为能够走到今天，就是靠产品技术创新，就是靠每年拿出销售收入 10% 以上砸在研发上，所以 1998 年，我们在起草《华为基本法》的时候就规定，每年要从销售收入里面拿出 10% 投入研发，华为现在研发投入已经占到销售收入的 15% 左右，所以我们说企业要有拳头产品，没有别的捷径可走。

第二，产品要硬，是要硬在真材实料、货真价实上，如果企业偷工减料，产品是不可能硬的，所以我认为中国企业还是回归到真材实料、货真价实上。

第三，企业产品硬要硬在卓越的运营体系上，要硬在精益化的生产制造和敏捷高效的供应链管理上，要硬在独特的市场与品牌管理上，这样才能真正打造出成本领先及高品质、高性价比、高品牌体验的产品。

第四，要硬在技术与产品创新。科技要向善，而不是作恶。

好产品背后是企业家的好人品，是企业正确的价值观。企业不是说技术越先进，产品服务就越能体现人文关怀。比如，毒品制造的技术也在不断创新，但它满足的是人性恶的欲望，它损害人的身心健康，所以这种技术创新，它是作恶而不是行善。而我们现在很多互联网公司利用人性的弱点所开发出来的某些游戏产品，本质上也是在作恶而不是行善，很多高科技公司基于大数据的产品创新，毫无底线地侵犯个人隐私，形成数据垄断以后绑架消费者，剥夺消费者知情权与选择权，这种技术创新与产品力，是脆弱而不足取的，难以成为支撑一个企业持续做大做强的力量，难以赢得社会的尊重。

所以，企业一方面要加大技术创新投入，另一方面，技术创新的投入必须回归到科技创新向善上。

二、组织力

企业想做大、做强，光有技术和产品而没有组织能力，好产品是卖不好也卖不长的。好产品要卖好、卖久就必须有组织能力，要致力于组织能力建设。

企业进行组织能力建设，要抓好以下几个要素。

第一，要抓基于文化价值观的组织领导力，尤其是企业家要实现自我超越。企业家要基于个人能力去打造一个团队，实现自我超越，要真正打造出基于价值观的团队领导力，这是企业组织能力建设的第一个能力要素。

第二，要抓干部队伍建设，因为干部队伍是整个组织的骨骼系统。干部队伍的稳定、团结与战斗力是组织打胜仗的保障。所以，干部稳，危急关头队伍就不会乱；干部团结，队伍就坚如磐石；干部带头冲锋陷阵，队伍就势不可当，就能持续打胜仗。华为、小米等优秀企业都专门设立总干部部，将“建组织、出干部”作为组织能力建设的两大核心要素。

第三，抓流程化与制度化建设，真正地构建组织理性。因为一个企业的组织能力是来自组织理性，企业要靠两种力量，一种是靠信念、文化的力量，它可以产生激情的力量；另一种就是组织理性的力量，一个企业只有构建组织理性，才能真正使得系统有效率。

第四，抓组织资源的整合与组织结构的优化。组织资源包括人才、技术、品牌、资金、信息、知识、客户、公共关系等。一个企业的组织资源，决定一个企业组织能力大小与成长的边界，组织资源也决定着人与组织的组合方式与劳动组织的协同方式，即组织结构，而组织结构又决定着资源能量的释放程度与质量，从而决定着组织能量的释放强度和力度。所以，**一个企业要真正打造组织能力，要把组织资源聚合与有效配置、组织结构的变革和进化作为组织能力建设的核心内容。**在组织资源的整合与管理方面，我认为主要是抓两点：一是要加大投入，发育资源再去整合、获取资源，提高企业资源的禀赋，提高资源的积累与整合价值。二是要通过有效的管理，去提高人才、技术、品牌等资源的投入效能。

第五，抓组织持续的激活与人才机制创新，因为组织能力主要体现为组织价值创造的活力，所以任正非提出“保持方向大致正确，组织必须始终充满活力”，**如果一个组织封闭、僵化、惰怠，气氛沉默、不紧张，没有危机感，那么这个组织是不可能具有持续打胜仗的能力的。**企业要始终把激活组织、防止组织惰怠作为组织能力建设的核心。

三、资本力

很多企业有产品力，也有组织能力，为什么还会出问题，还是很难成为产业领袖？

我认为，**一个企业要成为产业领袖，要做大做强，还需要有第三种力量，就是资本力，尤其是企业家驾驭资本的能力。**

一个企业真正要成为产业领袖的话，除靠产品力、组织力以外，有时候还要靠资本的力量去收购、兼并，进行产业整合，或者利用资本的力量去构建产业生态。**但资本是把“双刃剑”，挥舞不好会伤到自身。**

比如，方正集团是靠独创的好产品激光照排机起家的，海航是靠贴心的服务产品，赢得客户认可与市场地位的，为什么这两家企业做到千亿元规模以后还是会破产、清盘？我认为根本原因还在于过度使用资本杠杆，盲目扩张，过度多元化，最后被资本反噬。

> 企业要始终把激活组织、防止组织惰怠作为组织能力建设的核心。

资本既是成就企业霸业的利器，也是摧毁企业事业的恶魔。这几年，众多的上市公司“爆雷”、出问题，大多数都不是主营业务的产品力和组织力不行，而是企业家缺乏与资本共舞的能力和保障经营性现金流的这种意识，导致资金链断裂，现金流断流，一口气倒不过来，最后“猝死身亡”。

我一直主张，企业家必须关注两个最重要的指标。第一个是要有充足的经营性现金流，到了关键时刻，你的资产可变现，有可变现的资产和充足的现金流，企业在危难关头就心不慌。

第二个是资本的力量。数智化时代，很多高科技企业、创新型企业的成长，以及众多互联网商业模式企业，都需要强大的资本力量做后盾，资本后台不硬的话，往往难成大业，因为很多互联网商业模式是靠高强度的研发投入砸出来的，靠烧钱烧出流量的模式做出来的。虽然我们现在批判企业盲目圈钱、烧钱，但是互联网的流量、互联网的平台搭建是需要烧钱的，没有资本的力量是不可能支撑的，所以我们不能简单地否定资本的力量。但要驾驭好资本，否则资本这把“双刃剑”就会伤及自身，企业最后被资本反噬。

总结起来，资本力体现在：第一，必须有足够的资本做支撑；

第二，必须驾驭好资本这个“魔鬼”。

底层逻辑三：做大做强，致力于产业领袖地位

按照世界500强的排名，2020年中国企业进入世界500强的企业数量已经超过美国，但客观来讲，中国的500强还不是真正意义上的500强，还不是真正意上具有全球竞争力的世界级领先企业，中国的500强本质上是500大，我们绝大多数进入世界500强的企业只是“大而肥”。

我们说，肥胖不等于强壮，那么具有全球竞争力的世界一流企业绩效标准是什么？它的最优实践是什么？我带着团队专门花了五年时间研究了全球50家世界级的领先企业，研究这些具有全球竞争力的世界领先企业的绩效标准是什么，它们有些什么样的最优的管理实践。概括起来，我认为世界一流企业的绩效标准主要体现在八个方面。

第一，领先的经营规模与行业地位。领先的经营规模与行业地位由三个指标所构成。其一，营业收入要达到一定的量级；其二，全球市场占有率，全球市场占有率在行业里面是要领先的；其三，市值，尤其是很多高科技企业，可能销售规模不是很大，但资本市场都看好它，所以市值很高。

第二，领先的技术与产品能力。领先的技术与产品能力也主要体现在三个方面的指标。其一，研发费用投入占销售收入的占比。也就是一个企业的产品与技术是否领先，首先要看每年投多少钱在研发上。目前中国企业跟世界级的领先企业比起来，差距最大的就是研发的投入不足。世界级领先企业，它的研发投入占比都达到了4%~8%，但据估算中国的500强企业现在研发投入占比只有1.6%左右。而华为现在的研发投入已经占到整个销售额的15%。所以，领先的技术与产品能力，首先

是研发投入。其二，国际发明的专利数，研发投入结果是国际发明的专利数。其三，产品的市场竞争能力与新产品的产值率以及产品的盈利能力。这三大指标就是一个企业要有全球竞争力，就必须有领先的技术与产品能力。

第三，领先的品牌影响力与品牌价值。领先的品牌影响力与品牌价值体现在两个方面：第一个方面，是否拥有较高的国际知名度和美誉度的品牌；第二个方面，品牌溢价。中国企业与世界企业相比，我们虽然是全球的生产制造中心，但客观来讲，我们都是给全球的知名品牌做加工的，我们的企业赚的还是加工费，我们的品牌价值与品牌溢价跟世界级企业相比还具有很大的差距。

第四，领先的全球产业影响力和话语权。什么叫领先的全球产业影响力和话语权？主要体现在三个方面：第一个就是所拥有的国际标准数量，是否是国际标准的领导者、制定者、参与者；第二个就是产业关键环节的核心技术控制能力；第三个就是全球产业核心资源的配置能力。中国的500强企业虽然规模很大，但是我们很多企业不是国际标准的制定者，我们在很多关键的产业环节上，在核心技术上是受制于人的，我们的全球核心资源配置能力是不足的。

> 一个企业在行业里面是不是领先，除靠产品以外，还要靠资本的力量，也就是具有领先的资本运作与产业并购整合的能力。

第五，领先的运营效率和经济效益。这里面主要是四大指标：第一个是净利润，第二个是净资产收益率，第三个是营业收入利润率，第四个是全员劳动生产率。这些也是衡量一个企业运营效率和经济效率的重要指标。中国现在很多的500强企业，虽然规模很大，但是利润率很低，净资产收益率跟世界级领先企业相比是偏低的，同时，营业收入利润率，全员劳动生产率跟世界级企业相比也有很大差距。

第六，领先的资本运作与产业并购整合的能力。一个企业在行业里面是不是领先，除靠产品以外，还要靠资本的力量，也就是具有领先的资本运作与产业并购整合的能力。一个企业不光是要有好的产品，还要能够驾驭资本，具有很强的筹资能力，通过资本的力量，进行战略性收购兼并，而且收购兼并了以后，能够吸收消化，进行整合。另外，一个企业的资产状况好不好，还要看经营性现金流与资产的变现能力。中国很多企业规模做得很大，也不断在收购兼并，但是收购兼并能力不足，企业的经营性现金流不好，还有企业的资产变现能力不行，一遇到经济危机或突发事件，很多企业就马上出现现金流短缺，最后可能因为现金流短缺，一夜之间崩盘。

第七，领先的公司治理与卓越的组织能力。一个企业要强大的话，除了靠产品、技术、创新能力，还要靠领先的公司治理与卓越的组织能力，这里面包括几个方面：第一是优化稳定的公司治理，公司治理除了产权结构，还包括公司的控制权、经营权、管理权等。第二是合理的自主性安排，包括企业的决策机制与决策程序，也包括企业的管控模式、风险控制的能力，相关利益的价值平衡。第三是企业具有强大的风险管控与赋能平台。第四是稳定的高层领导团队与全球领导力。第五是具有吸引全球人才的吸纳能力与最佳雇主的品牌价值。

第八，领先的价值主张与产业生态的构建能力。主要体现在几个方面：其一，世界级的领先企业都是长期价值主义者，而非投机主义或者短视主义，他们都有远大的目标追求，都有坚定的信念，都有成为世界领先企业的梦想和追求。为了长期的目标、长远的利益，可以暂时牺牲短期利益，不投机。其二，领先的世界级企业，不光是追求企业自身利润的增长，单一的追求股东价值最大化，而是要追求相关利益的价值平衡。其三，在产业互联网时代，一个企业除构建内在的竞争能力以外，还要构建外在的生态优势，企业的领先，还要具有领先的最优管理实践，能够成为全球企业学习的标杆。我一直认为，过去 40 余年中国企业对世界的贡献主要是 GDP，未来二三十年，中国企业对世界的贡献不仅是 GDP，而是中国企业家的管理思想，中国企业领先的最优管理实践，能够成为全球企业学习的标杆。

以上八个方面，都是世界级领先企业的绩效标准与最优的实践。按照这八个标准比较，应该说，现在中国的 500 强离世界一流的、领先的、具有全球竞争的世界级企业的绩效标准，还有很大差距。所以中国企业还要以谦虚、开放的心态向世界的一切优秀企业学习，包括虚心向美国企业学习。只有这样我们才能正确认识自己的问题，明白自己的差距，不断去补齐自己的短板，通过对标学习，吸收宇宙能量，真正缩小我们跟世界级企业的差距，使得中国企业真正从做大做肥走向做大做强，真正具备全球领先的世界级企业的竞争能力。

底层逻辑四：致力成为隐形冠军

中国需要 500 强企业，需要造就一批像华为、美的一样，具有全球竞争力的世界级 500 强企业，但我认为中国更需要打造一大批在细分领域里面的行业领袖与隐形冠军。对绝大多数中国企业，尤其是对中小企业而言，企业未来的追求，不一定要成为世界 500 强，而是要在一个细分领域里面做精、做专、做好、做强、做久，正如德国管理学家赫尔曼·西蒙教授在《隐形冠军》这本书中所指出的，一个国家若想取得出口成功，确实需要大公司，但如果想表现超群，必须依靠那些拥有强大国际竞争力的中小企业，后者就是隐形冠军。

那么隐形冠军的特征是什么？隐形冠军的最优实践是什么？概括来讲，我认为隐形冠军具有十大特征。

第一，企业家有做细分领域世界级行业领袖的雄心与清晰的行业战略定位思维。隐形冠军都是奉行长期价值主义思维，一旦选定了在某个细分领域里面的赛道，就具有足够的战略定力与意志力。隐形冠军不一定追求规模，但更追求在一个细分领域里面去做专、做精、做好、做久。很多隐形冠军，品牌的社会知名度并不是很高，隐形冠军往往都是闷声发大财的企业，具有低调务实的文化。

第二，隐形冠军都保持专注。隐形冠军的主营业务非常聚焦，往往定位并专注于特定的客户与相对狭窄的产业领域，在特定的客户群体与相对狭窄的产业领域里面，致力于培育专精的核心专家与技能。隐形冠军的单项产品往往在国际国内的市场占有率上是绝对领先的。

“隐形冠军的单项产品往往在国际国内的市场占有率上是绝对领先的。”

第三，隐形冠军基本上都是全球化策略。在一个细分领域里面，产品市场是全球化的，虽然规模不是很大，但是人才、技术、资本、资源，基本上都是全球化整合，具有全球视野、全球资源整合的思维。

第四，隐形冠军在一个细分领域里面，技术或者工艺都是全球领先的。隐形冠军特别注重研发投入，以及工艺的精良。在一个细分领域里面，国际专利也是行业领先的，往往是行业标准的参与者与制定者。

第五，隐形冠军都是绑定特定的客户群，然后深耕客户关系，尤其是绑定大客户，为大客户提供独特的专一产品服务。所以，隐形冠军的客户关系都是稳定持久的，都能构建在细分领域里面的全球战略供应链系统。

第六，隐形冠军都有较高的产品差异化和品质成本的竞争优势。这是因为隐形冠军的产品具有技术上、工艺上独特的优势，品质能够保持稳定，保持高质量，而且具有综合的总成本竞争优势。所以在一个特定的产品领域或特定的细分领域里面，往往有较高的行业定价权与影响力。

第七，隐形冠军都有深厚的文化积淀，都有优化而稳定的公司治理，高层领导团队是相对稳定的。而且在一个细分产业领域里面，企业家往往具有产业领袖的领导力，这些产业领袖都有国际化的事业，都具有全球的领导力。

第八，隐形冠军的组织结构、组织模式都是非常简单的，整个组织也是一个敏捷性的组织，有规范的流程。很多隐形冠军的组织结构不复杂、不臃肿，整个组织是一个高效能的组织，人均效率比较高，往往不养闲人，不养懒人，每个人都是价值创造者。

第九，隐形冠军在一个细分领域里面，人才量级及人均效能都是领先的，它的盈利水平基本上都能超过 10%，也就是盈利能力很强。因为靠独特的产品，先进的工艺，卓越的运营体系和有效的管理，能使总成本最低，产品具有差异化，质量稳定，总成本低，这样盈利的能力也强。

第十，隐形冠军在一个相对狭窄的细分领域里面，具有相对完整的产品生产与供应链的掌控能力。在一个细分领域里面，隐形冠军的核心技术和核心资源，往往是自主加工，谨慎外包，基本上从整个全价值链来讲，具有全价值链的生产与供应链的掌控能力。

所以我认为，中国企业未来除了要打造一批世界 500 强的企业，还要关注绝大多数中小企业，未来中小企业的发展方向，要向德国、日本企业学习。因为德国、日本的很多企业，虽然规模不大，但都是百年老店，它们在一个细分领域里面的产品、工艺、管理、技术都是领先的，所以具有持续竞争能力。从这一点来讲，对于中小企业而言，不一定都要去追求成为 500 强，80% 的企业要致力成为细分行业领袖与隐形冠军。

底层逻辑五：持续打造健康型组织

中国许多企业之败，往往不是败在竞争对手手上，而是自己打败了自己，是组织内部出了问题，如组织免疫力下降、活力衰竭、效能低下，组织内部山头、内耗、不协同、腐败、溃烂等，最后堡垒往往从内部被攻破。

那么，一个企业如何保持组织处于健康状态？如何及时通过组织体检，去发现组织不健康的征兆并及时进行预防和治疗？我认为衡量和打造健康型组织，主要有六大方面。

第一，一个企业健康不健康，首先看它是否有活力。怎么判断有没有活力？就看这个企业内部是不是充满价值创造的激情与价值创造的活力。如果我们到一个企业去，组织内部气氛沉闷，员工守成，干部不思进取，自我感觉太好，危机意识淡薄，创新意识淡薄，就非常危险。必须通过机制的创新，让组织始终充满激情和价值创造的活力，如果激情衰竭，价值创造活力不足，这个企业是绝对没有战斗力的。

第二，一个组织健康不健康，要看这个组织有没有效率，组织的运行有没有效率。一个企业的效率，主要体现在三个方面。其一，“点效率”，也就是员工的工作效率，做事情的效率，我们称之为“点效率”；其二，“线效率”，就是流程效率；其三，“面效率”，也就是企业的系统效率。除“点效率”“线效率”“面效率”以外，还要看这个企业的决策效率如何，企业大了以后，往往决策重心偏高，决策效率越来越低，决策速度越来越慢，还要看战略目标的执行效率和企业的流程制度的执行效率。如果一个企业效率越来越低，效能越来越低，那么这个企业是没有战斗力的，最后就会导致要么成本过高，要么质量不稳定，要么不能准时交付。所以衡量一个企业效率，主要体现在成本、质量、交付期与人均效率上，这是一个企业生存和发展的基础。

第三，一个企业健康不健康，最关键是人与人之间，团队与团队之间，各个业务系统之间是不是协同。我们经常讲协同产生价值，如果一个企业充斥着山头主义、本位主义，大家基本不思考，企业大量的部门墙、流程桶，就会导致整个组织内部不协同，内耗，内部交易成本高，最后导致企业整体的系统战斗力不足。所以，组织内部是不是能够真正凝聚在共同的目标下，做到力出一孔，利出一孔，能够共同、协同地面对客户、面对市场，提高协同的价值，这是衡量一个组织健康不健康很重要的指标。尤其是在数字化时代，如何基于任务和客户价值，来进行跨团队、跨部门的协同，来实现员工面向客户、面向市场的自动协同，这是衡量一个企业健康不健康的关键指标。

第四，一个组织健康不健康，关键看这个组织具不具有赋能的能力，具不具有资源共享的能力。如果一个组织内部信息、知识、资源不能共享，彼此之间信息屏蔽，沟通不畅，价值观离散，知识个人化，很难内生知识和经验，每个部门都进行资源的独占、利益的独享，企业形成不了利益共同体，那么组织内部很难实现资源的共享价值。同时，企业如果不能建立要素资源的整合与配置平台、专业化赋能平台、风险控制平台，企业就不能为一线打仗人员去赋能，不能提高集成综合作战能力，在市场上，企业的战斗力就会不足。所以，关键要看它能不能通过组织的赋能平台为团队、个人去赋能，从而放大人力资源的效能。

> 衡量一个企业效率，主要体现在成本、质量、交付期与人均效率上，这是一个企业生存和发展的基础。

第五，一个组织健康不健康，关键看这个组织的速度。这里所讲的速度，是客户价值实现与运行的速度，如果一个企业

组织机构臃肿，程序过多，就会对市场的反应速度慢。如果一个企业机制老化，就会行动迟缓，企业内部的价值创造活力就不足，价值创造的速度就慢。如果一个组织不开放，不能从外部吸收能量，不能实现生产要素在内外各环节的快速流动，那么这个组织整体的客户价值创造速度与运行速度就慢。

第六，一个组织健康不健康，关键看这个组织具不具有学习性。我们所讲的组织的学习性，主要体现在组织对外部环境的反应能力与主动变革创新的能力。一个企业如果处于不健康状态，员工自我感觉太好，就会缺乏危机意识与主动变革精神。一个组织如果故步自封，不开放、不包容，陷于过去成功的习惯，就会不愿意走出舒适区，不愿意主动进行变革，不愿意实现自我超越。

所以，一个企业健康不健康，主要看：组织的活力、组织的效率、组织的协同、组织的赋能、组织的速度、组织的学习性这六个方面。

包政：如何形成以终为始的战略导向

■ 作者 | 包政　包子堂创始人，中国人民大学教授、博士生导师，
华夏基石领衔专家，《华为基本法》起草人之一

企业要有战略，弄清楚将往何处去，由此来引导现在所做的事情，并使现在所做的事情见利见效。此所谓，以终为始的战略导向。

所谓战略，是揭示企业发展必然的逻辑。正如《大学》中所说，“物有本末，事有终始，知所先后，则近道矣”。企业领导人或者企业老板的本职工作就是让企业有前途，在带领企业从小到大的发展过程中，念念不忘的无非这样几个基本命题：我们企业的战略是什么？我们企业是否走在战略主线上？我们企业如何形成战略突破？

一、多算胜：战略是一步步演绎出来的

企业领导人只有通过思考，艰苦的思考，才能发现本企业的战略。

《孙子兵法·计篇》中说：“夫未战而庙算胜者，得算多也；未战而庙算不胜者，得算少也。多算胜，少算不胜，而况于无算乎！”两军对垒，关乎生死，要想打胜这一仗，必须先运筹帷幄，庙算胜。没有庙算胜，就匆忙迎敌，无异于赌博。要想庙算胜，必须多算。从多算到庙算胜，也就是说，在逻辑上思考清楚了，有把握打胜这一仗。

逻辑上行得通的事情，在现实中未必走得通。但是在逻辑上行不通的事情，在现实中一定走不通。除非出现奇迹。

如何才是多算，多计算？

(1) 在时间投入上要足够。思考一件重要事情的时间要长，关乎企业战略的事情，可能需要一年、两年、三年甚至五年十年的长期思考。曾担任美国贝尔电话公司总裁的费尔先生，在任 20 年只做了四项战略决策，但每一项都影响深远，能够带领贝尔公司走向未来。这四项战略决策就是他长期思考的成果。

(2) 一家电话公司当客户规模达到一定程度以后，面对的就不再是一个经营性问题，而是一个社会性问题。那么，经营这种业务的民营公司应该如何做才能不被收为国有？最后他做出了两项重要决策：第一，贝尔电话公司必须预测并满足社会大众的服务需求；第二，把公司纳入公众管制的管控机制。

(3) 每次都要拿出大量时间持续思考，深入思考。思考企业战略不可能浅尝辄止，在一层一层往下深入探究的时候，思路不能被打断。这就需要拿出整块儿时间，比如说一个半天，屏蔽所有其他事项，心无旁骛地思考企业战略。

(4) 要反复思考。**企业战略如同草蛇灰线，是先验的、内在的，不可能一蹴而就，最好有理论作为引导，并不断地假设、推演、验证。**如果假设的前提被证伪，那就推倒重来；如果被证明，那就换一个角度再进行验证。反复推敲，然后提炼其逻辑主线。

(5) 要用演绎的方法去思考各种可能性。战略不能依靠归纳过去的成功经验而获得，因为战略是基于未来的，未来并不隐藏于过去，而是需要我们现在就参与未来的创造之中。1998 年的华为只能想到“在电子信息领域实现顾客的梦想”，落实到当时的服务领域，也只能是交换机。很难想象，20 多年后今天的战略是“云管端”。所以说，**战略不是设计出来的，而是一步步演绎出来的。**战略能让企业的路越走越宽。

随着企业规扩大，企业员工变多，企业领导人应该抛掉生意经，建立自己企业的事业理论。费尔在探究贝尔公司业务发展的时候，恰恰注意到这一点，于是从公共事业的角度，而不是生意的角度，为贝尔公司奠定了未来。

企业还需要不时地回顾战略，回顾战略的初衷，所谓不忘初心。战略导向的企业虽然不能像业绩导向的企业那样实现业绩突飞猛进，但是企业能稳定健康地成长。有时候，企业为了和同行对比经营指标，会忘掉战略的指导性。开路狂奔而忘记战略，是在舍本逐末。

如果你不知道你在哪儿，给你张地图也没用；如果你不知道要去哪儿，给你张地图还是没用。

2008 年，霍华德重回离开了八年的总裁位置，要让星巴克重振雄风，他的举措就是砍掉业绩指标的考核，激活员工合伙人制度。霍华德作为星巴克创始人，为星巴克找回的正是战略导向。

可以说，“多算胜”背后隐含的还有经过反复思考后的确信，一种对战略目标的确信与坚守。

战略思考包含企业发展、客户满意和超越对手几个方面。

总体来说，思考还要放到时间的维度上，还要放到方法论上，企业一定要知道自己在哪里，要向哪儿去，怎么去。俗话说得好，如果你不知道你在哪儿，给你张地图也没用；如果你不知道要去哪儿，给你张地图还是没用。

二、思考战略，从企业的长处开始

德鲁克曾经不无遗憾地说，他的《为成果而管理》这本书应该叫《战略管理》。他在书中讲到，企业应该问自己：我们擅长做什么而且不费吹灰之力，其他企业做同样的事情会做得很失败。由此可见，德鲁克思考企业战略，也是从企业的长处开始的。

企业像人一样，都有各自的基因，有各自的天赋，也就有各自的长处。一个人的长处可以来自天赋，也可以来自后天的积累。

一个企业应该发现自己的长处，并且让它的长处在发展过程中变得更好、更有竞争力量。迈克尔·波特曾经说过，企业的战略发展方向应该是前向一体化或者后向一体化。前文中我已经指出了他的理论缺陷：第一，前向一体化和后向一体化都不透彻，应是前向一体化扎根于市场，后向一体化扎根于技术；第二，前向一体化或者后向一体化不是战略方向，而是企业积累自身核心竞争力的方向，也就是让企业的长处变得更长的方向。

一家企业过了生存期，所获得的利润转化为资本，需要投资的时候，是有不同方向的，是投到后向一体化，还是投到前向一体化呢？投到后向一体化，就得扎根于技术，像华为，大约每年销售收入的15％投入研发，一直到听见“上帝”的脚步声。如果投到前向一体化，就要扎根于市场，学习宝洁、可口可乐、肯德基，将每年销售收入的20％以上投入市场拓展和推广，以用户为“上帝”。

山东益客集团的销售规模已达近百亿元，从发展轨迹上来分析，益客集团的长处在于规模化屠宰。所以它需要沿着后向一体化的方向，突破规模化养殖所需要的笼养技术、环控技术、粪污处理技术，跨越个体养殖户的混乱状态，进行技术扎根。近期，益客集团需要与个体养殖户结盟，签订短期购销协议，保证商品群的稳定来源，同时降低成本，控制货源品质；长期则需要帮助个体养殖户进行技术改造，适时向规模化、智能化养殖发展。

台塑集团成立于1956年，每天生产四吨PVC粉，但卖不出去。王永庆认为量少价高，所以市场的潜在规模没有被激发出来。他不顾股东的反对意见，接着投资 PVC 粉的二次加工，成立南亚公司生产塑胶皮、塑胶布，但是销售也不理想，产品堆积如山。王永庆没有退缩，决定进入 PVC 粉的三次加工业，生产塑料制品，先是和美国人卡林做充气玩具，由此打开了美国市场。

受此鼓舞，王永庆又于 1963 年成立新东公司，生产雨衣、桌布、皮包等日用产品，广受欢迎。台塑的生产能力经过几次规模化扩张以后，达到了每天 70 吨。又经过四年发展，新东公司已经成为销售额达 2600 万美元、拥有数千员工的较大规模企业。

这期间，有新的竞争对手出现，1966 年，国泰、华夏、大洋等公司开业，也开始生产 PVC 粉。为了让台塑的长处更长，提升其竞争能力和竞争优势，1967 年 8 月，基于“塑料制品的消费市场已经被打开、台塑应该回归主业”的判断，王永庆不顾股东强烈反对关掉新东公司，并向上游整合，专注生产乙烯及各种有机原料、合成材料。

王永庆说，新东公司已经培养了三四千名青年干部，他们每人成立一家塑料加工企业，各自创业，必将迅速拓展已经开启的塑料制品消费市场。这个市场潜力无穷，亦无后顾之忧。台塑则要退回到中上游原料的生产与销售中，集中精力把自己在上游的长处发挥得淋漓尽致。

华为于 1998 年开始进行 IPD 改造，逐步拥有了集成电路的工业设计能力，之后通过单片系统（system on chip，SOC）把这种能力在产品上放大。单片系统就是把一个庞大复杂的集成电路板转化成一小块硅片（芯片），虽然在设计和流片阶段要投入巨大资本，但其成功所带来的好处不仅边际收益很高，产品的竞争能力也更强。与竞争对手的产品相比，优点是可靠性高、耗电少、体积小、免维护。所以华为的 5G 产品更受消费者青睐。

三、如何用自己的长处创造客户

德鲁克说，企业存在的唯一目的是创造客户。因此，企业不能只关注自己的长处，还应该关注如何用自己的长处创造客户。

亨利·福特是企业界的英雄，他一直思考如何利用自己的长处创造客户。他几乎把毕生精力都用在了如何改进汽车生产制造工艺上，其目的在于：减少汽车配件的数量、提高汽车配件的标准化和通用性、提高生产速度、降低生产成本，从而降低汽车售价，让更多的人能买得起汽车。

“随着企业发展，其在社会中的影响力和支配力变得越来越强，就需要从社会的视角重新思考企业的价值。”

亨利·福特在创造客户，希望让更多的人能买得起汽车。用他的话讲，让生产汽车的人能买得起汽车。事实上，他在弥补一个社会缺陷：当时只有富人才买得起汽车。这就是他的战略方向，他孜孜以求的奋斗目标，也是福特汽车的使命所在。

可以这样说，企业的使命就是在表达企业要弥补什么样的社会缺陷。通过弥补社会缺陷，企业可以为社会作贡献，让社会运转更有效，让社会更美好。

作为一个产业组织者的企业，其使命往往也是引领一个产业的发展方向。从 1908 年 T 型车上市，到 1921 年斯隆任通用汽车 CEO，其间十多年，是福特汽车的使命引领了汽车产业的发展方向。

但大多数企业都是在懵懵懂懂中创业，很少有人能在创业阶段说清楚企业在承担什么使命，可以弥补什么缺陷。不过，随着企业发展，其在社会中的影响力和支配力变得越来越强，就需要从社会的视角重新思考企业的价值。

美国的梅奥诊所成立于 1864 年，在老梅奥的手里它只是一家诊所。老梅奥去世以后，由其儿子威廉·J. 梅奥、查理·W. 梅奥共同主导梅奥诊所的业务。他俩不再把诊所当作一个简单的生意、一个简单的业务，而是开始思考事业理论：梅奥诊所应该担当什么样的社会责任？

1905 年，他们完成思考，确立梅奥诊所的使命在于：成为“患者的医疗目的地”。无论是在当时还是现在，求医问药的人所面临的难处在于：医院和医生良莠不齐，难以选择。梅奥诊所要做到的是，值得你托付。经过近百年的努力，患者的确认可了梅奥诊所，把梅奥诊所称作“医疗行业的最高法庭”“医学麦加”。

大约是在 1996 年，华为成立九年后，我曾经问任正非：“你为什么选择进入电信行业？”任正非说：“要知道这么难，我就不进来了。”彼时，任正非和华为都是把电信当作一项业务来做，没有想这么多，也没有想这么远。

1998 年，中国人民大学的几位教授帮助任正非完成了管理思考，华为颁布《华为基本法》，其中第一条就是要为客户作贡献，在电信领域实现顾客的梦想。请注意，这里说的梦想不是任正非的梦想，不是华为的梦想，而是顾客的梦想。

现在的华为已经是全球 500 强企业之一，收入规模在 1000 亿美元以上，是全球 5G 解决方案的领先厂商。事到如今，任正非需要从全球、全社会的视角，重新审视华为的贡献。

在接受记者采访时，任正非说道：“要打造可信的网络，我们下定决心，五年投入 1000 亿美元，完成网络改造，作出对人类社会的贡献……华为还在非洲极端贫穷的地方，与痢疾、埃博拉、艾滋病战斗，华为在那里挣不到多少钱，只是为了人类理想而奋斗。”

可见，随着企业的发展，企业老板的格局和境界必须越来越高，赋予企业以更高的使命。这时候的企业才有了魂魄。否则，不管企业规模有多大，都是灵魂出窍的公司，是产业社会中的孤魂野鬼。

四、寻找利润区，谋求在产业链上的位置

企业有了长处，就知道自己能干什么；有了使命，就知道自己为什么而干。但这还不是企业战略的全部，因为在长处上做积累，还是在投资，投资就要花钱。有了使命，知道为什么而做事情，却不知道要做什么事情。企业不知道做什么事情能挣钱，还一直在花钱，时间长了，会因“失血”过多而“死掉”。所谓“出师未捷身先死，长使英雄泪满襟”。

有战略的企业不仅更容易活下来，还能越活越有竞争力。这就需要企业在战略指引的方向上寻找到利润区，在利润区构建盈利模式；而不是寻找利润，寻找短期盈利的机会。按照迈克尔·波特的思想，**企业首先应该学会的是参与产业价值链的竞争，而不是寻找做买卖的机会。这也是做事业还是做买卖的区别。**

企业首先要谋求在产业链上的位置，以产品服务巩固其位置，逐渐做到不可替代，这是处于产品经营模式阶段；其次，企业打通上下游，努力拓展获得利润的空间，并形成对产业链位置的保护，这是企业经营模式阶段；最后，企业要竭尽全力整合与调动更多资源，比如，技术资源、人才资源、知识资源、矿产资源等，增强其影响力和支配力，成为产业链的组织者，这是产业经营模式阶段。

依靠独特的产业组织方式，维持持续稳定的发展，这是产业社会百年企业隐藏最深的秘密。争夺市场的竞争也由此逐步升级，从产品竞争转向企业竞争，最终转向产业链竞争。按照市场竞争规律，利润区会在产业价值链上逐渐向两头转移。一头是产业价值链的上游，另一头是产业价值链的下游，由此形成了前向一体化和后向一体化两个方向。

益客所在的肉食产业链有种禽、养殖及饲料、屠宰、深加工、

分销、零售、消费等多个环节。在初期，公司居于产业链中间的屠宰环节，具有较高的盈利水平。那个时候，利润区在屠宰环节，谁能在这个环节快速上规模，谁就能挣到这个利润区规模收益的红利。随着屠宰技术的工业化、规模化，一条线的单班宰杀量就达到 8 万只，屠宰的边际收益不断降低。随着屠宰设备的普及，后进入市场的竞争对手也很容易上规模，屠宰环节几乎不挣钱了。

有的企业就往上游走。益客也是这样，在屠宰环节持续扩大生产规模，提高其他企业进入行业的门槛，然后与更多的养殖户建立联系。一开始卖饲料，卖饲料不挣钱，再卖种鸡种鸭；卖种鸡种鸭不挣钱，再考虑规模化养殖。

然而规模化养殖投入较大的话，企业的现金流就会有风险。在产业链上企业按照自然发展所演绎的逻辑，不能再往前走了。这时候就需要企业停下来思考，换一个视角，往产业链的下游看，看下游有没有利润区。

> 依靠独特的产业组织方式，维持持续稳定的发展，这是产业社会百年企业隐藏最深的秘密。

这时候会发现，下游的利润区原先是在一级分销环节，随着生产厂商的增多和生产量的扩大，市场的经销商也变多了，从批发市场的摊位就可以觉察到，摊位变得更加拥挤，经销商多了，边际利润变低，利润区便开始往下走，进入二级分销环节。当二级经销商的边际收益也变低，它们就开始扩大经营品种，为零售商或门店提供组货服务。

但是相对于上游来讲，从经销商那里获取利润比从养殖户那里获取利润，获利比例更高、更稳定、更方便，因为经销商距离利润的源头更近。相比较而言，利润区在经销商环节。

益客冻品的利差空间在 3% 左右，而一级经销商大概可以得到10%。益客只需要在控制价格的基础上帮助经销商加大流量和提高出货速度，就可以提高它们的毛利水平。益客再与一级经销商结成一体化运营的关系体系，建立购、运、储、销四项职能，降低经销商的运营成本，就可以提高一级经销商的资金利润率。

在这个过程中，益客可以与经销商分享成本节约与利润增长上的好处，得以在利润区重建盈利模式。

德鲁克说过，一个企业盈利模式的有效期往往在7～8年。这是利润区在产业链上移动的一个有效解读，也迫使企业从产品经营转向企业经营，最终转向产业经营，竭尽全力去整合和调动更多资源，去抗衡外部环境的不确定性。

五、利润区的盈利模式是否有效，依赖于是否有突破口

企业在利润区构建的盈利模式是否有效，依赖于是否有突破口。为了显示对这个突破口的重视，我们姑且称其为“战略突破口”。

任正非对战略的理解是三段论式的，即战略集中、战略聚焦、战略突破。他的战略落脚点在突破口上。所以，他会说，华为的十几万人自始至终都是盯着一个“城墙口”在冲锋。

企业领导人思考战略的“庙算”“多算”是否有效，就在于能否在逻辑上打通战略突破口。这需要领导人是行家里手，对产业链具有深刻理解，持续进行战略框架下的策略性思考，才能形成具有创意、创新的策略。

企业的战略突破口，至少在逻辑上要能讲得通。逻辑上讲得通的，现实中未必能走通；逻辑上讲不通的，现实中肯定走不通，除非出现奇迹。而做企业不能依靠奇迹。

有了战略突破口，才能进行战略任务分解，形成目标／任务／责任体系。战略要体现在日常工作中，对日常工作进行策略、

管理、绩效的循环管理。

益客要在经销商环节建立盈利模式，其战略突破口在于建立营销功能，形成营销体系，实现厂商一体化，在市场端能展开有组织的工作。在营销功能缺失的前提下，增加产能是多余的，是一种浪费。而通过计划销售，在销售的指导下形成生产端和供应端的计划协同、产能协同、交付协同，则形成了产业链的整体一致性。

益客未来的持续发展必须建立在整个产业链条的竞争能力上，建立在产业链的整体能力上，而不是某个环节或某个模块的盈利能力上。

（注：本文发表于“包子管理学堂”微信公众号）

聚焦

CHINA STONE

现在组织更应该关注外部的适应性。所谓适应性就是活下来，如何持续地活下来。组织的适应性现在已成为组织的一种核心竞争力。

——陈明

方向大致正确，组织充满活力。数字时代，保持组织活力是非常重要的，也是组织适应环境变化的一个重要保障。

组织的活力密码：保持组织活力的11条法则

■ 作者 | 陈明 华夏基石产业服务集团联合创始人、副总裁，华夏基石管理咨询集团副总裁

2021年惊险连连地走到年末，身后仍留下“一地鸡毛”，有人说“2022，没有更难只有更难”。中美角力一波三折，新冠肺炎疫情反反复复，经济膨胀或滞胀一触即发，全球财富两极分化加剧，社会阶层撕裂严重，全球化逆潮而动，全球供应链体系脆弱不堪，中国周边成为与美国等国较量的“前沿”，中国国内经济艰难转型、践行碳达峰和碳中和等绿色理念势在必行……

全球的经济发展环境动荡不安，变化迅速，这些变化对企业的影响复杂而深远，企业如何有效应对就变得尤为关键。

面对复杂多变的外部环境，组织（企业是一种组织，本文中组织和企业是通用的）关注的重点要从内部逐步转移到内外部并重，甚至外部要重于内部。过去大家一般关注组织的内部如何高

效协同，所谓组织的效率。因为那时的外部环境相对比较稳定，其变化比较缓慢，即使环境有变化也是有迹可循的。

现在组织更应该关注外部的适应性。所谓适应性就是活下来，如何持续地活下来。组织的适应性现在已成为组织的一种核心竞争力。这些年，很多大企业没有适应时代的变迁，结果是“轰然倒塌”，不是因为它过去不够强大，而是因为它缺乏适应环境变化的能力。

这和生物进化何其相似！在地球上，适应性最强的生物并不是地表最强大的生物。好比七千万年以前，地球上最强大的生物可能是恐龙，但面对环境的突变，恐龙却灭绝了。在这个动荡不安的时代，生物进化史给了我们经营管理上诸多的启示。近几年企业界掀起了一股跨界向生物进化学习组织生存之道的热潮。

随着管理专家的深入研究发现，走向衰落的大企业，诸如柯达公司、诺基亚公司等，在面对环境变化的时候，不是管理层没有觉察，而是难以逆转组织的惯性。即使企业内部有“吹哨人”，最终也无法实现整个系统的改弦易辙。好像地球上的物体受到重力的作用，一直向下坠落，直到“坠地身亡”。

组织虽然是人为事物，也有生命周期，能历经动荡环境，穿越生命周期仍然生机勃勃，是非常难的一件事，可以说是一件小概率事件。也正是因为如此，如何使组织始终具备对外部环境的适应性，如何保持使组织充满活力更应成为企业经营管理的核心命题，尤其是在这样一个充满不确定性的时代。

一、识别组织丧失活力的五大病症

组织具有活力和适应性，其表现就是抗压能力强，尤其是能扛住突如其来的打击。最好的组织就是生命力顽强的组织，充满活力，但组织像所有生命体一样也会“生病”。因为所有组织活动都会产生“熵”，如果不进行耗散，“熵增”就会导致系统崩溃。

笔者最近服务的几个企业，老板的思路没有问题，商业洞察没有问题，战略方向没有问题，但发展就是不尽如人意，其根本问题就是组织问题，组织生病了。这些组织病症具体表现为以下几个方面。

（一）老板的指令出不了“茶室”

老板的想法得不到落实，始终飘在空中。老板成了“孤家寡人”，他似乎被架空了，手上没有组织资源，也无抓手，或抓手不够硬。他被“游离”在组织之外。

（二）组织惯性背后的“旧势力”

老板的思路已经向中高层干部做了传达，战略目标也进行了分解，但组织运行依然如故，战略任务完成并不好。这种现象从表面上看是组织的惯性，但背后往往是利益格局，就是通常说的“旧势力”太强大。企业中传统业务比较庞大，要靠传统业务来支撑企业营收的基本盘，因而企业的利益分配、人才晋升等关键方面还是会迁就“旧势力”的。尤其是新业务对老业务有直接影响时，俗称“左手打右手”时，往往新业务就会败在撬不动旧利益格局上。

据有关专家研究表明，西方公司“成也华尔街体制，败也华尔街体制”。华尔街体制主要是把股东利益放在第一位，他们高管的收入与净资产收益率有关，经营团队为了“讨好”投资人，非常在意资本市场的表现，他们的高薪收入与公司在资本市场的表现有关，资本市场表现越好，公司高管的收入就越高。有的公司为了报表“亮丽”，不惜动用财务“技巧”，甚至“合法作假”。比如，通用电气公司，凡是不利于资本市场表现的行为，在公司决策层是很难达成共识并采取行动的。纵使组织中有些人还是清醒的，但对抗不了组织惯性和体制，体制是个“黑洞”，会吞噬无数新生之物。顺便说一句，西方公司抗拒组织变革还有一股非常强大的力量，就是工会力量，工会力量往往是扼杀新事物的主要势力。

（三）懈怠、涣散，缺乏紧张感

组织的懈怠是组织呈现出一种涣散状态，缺乏一种紧张感，活泼有余，严肃不足。文武之道，一张一弛。如果一个组织总是松弛状态，组织压力不够，就会懈怠。

组织的懈怠是组织呈现出一种涣散状态，缺乏一种紧张感，活泼有余，严肃不足。

组织的压力首先来自目标。组织没有压力，要么是目标没有挑战性，要么是目标完成与否无关紧要，目标责任制一点都不严肃，缺乏基于绩效的淘汰机制，组织自然紧张不起来。一个组织内部缺乏必要的良性竞争，也会容易造成懈怠。笔者服务过的一些企业，都有一种现象：老板很着急，但企业的干部员工依然很“佛系”“闲庭信步”。干部员工队伍并没有形成一种“嗷嗷叫”的氛围。

（四）本位主义

组织中本位主义主要表现为“各人自扫门前雪”，协同难度大，局部利益高于整体利益，每一个部门都强调做了什么，自己按规定、流程做了，至于没有达成目标那是别人或别的部门的事情，自己没有做错，不求有功，但求无过。组织不是“利出一孔”“全营一杆枪”，大家的努力没有被引导到实现目标的方向上。

（五）山头主义

出现“山头主义”，那就是组织生了重病，这种病再发展下去就是组织“分崩离析了”。“地方”大有叫板“中央”之势，企业有几股力量势均力敌，谁也不服谁。有的是一股力量独大，老板都“忌惮”三分。几大山头林立，大家选边站，几股势力之间忙于内部争斗，哪还有心思去一致向外“奋勇杀敌”？结果给了竞争对手机会，落了个“亲者痛仇者快”。

以上组织的诸多表象都是组织机体的“毒瘤”，侵蚀着组织的生命力。此时组织如果不去主动变革，就会没有生机，组织生命可能就要走到尽头了。

据统计数据，中国民营企业平均寿命只有6.9年，各领风骚三五年，你方唱罢我登场，具备基业长青潜质的企业寥若晨星。大多数曾经优秀的企业就是败在不适应外部环境的变化上，产品或业务“断点”。即技术革命造成增长曲线不连续，原有市场不复存在了，或者蜕变成一个小众市场或发烧友市场，比如，唱片市场、数码相机市场等。

事实上，大多数组织体崩坏，并不是一朝一夕的事情，它往往是从一个局部发生变化，继而侵蚀整个系统的，而这些变化是可能被觉察到的。

如何觉察？从那些生命力顽强的组织中可以看到，保持生机勃勃主要在于学习：善于学习、勇于变革、勇于接受新鲜事物。企业一旦停止了学习，停止接受新鲜事物，没有活力了，就意味着组织要生病了。

卓越企业都有一个基本规律，每次遇到宏观环境较大变化的时候，反而是他们发展上台阶的时候，因为环境的大变化促使行业洗牌，“体弱多病”“激进”等不健康的企业都倒下来了，反而有利于健康有活力的企业，“剩下来”就成为“优秀企业”了。

二、使组织充满活力的11个方法

近几年来，笔者在服务企业的过程中，经常被问到“如何使一个组织充满活力？”这既是一个理论问题，更是一个实践问题。笔者结合一些优秀企业的实践，以及自己的思考和研究，提出几个方法供参考。

（一）灵魂考问：企业究竟为何而战

企业为何而战是个使命问题。很多从事实务的朋友可能感到不理解，要想使组织生机勃勃，为什么先从使命这个很“虚”

的题目开始呢？

虚即是实，实即是虚。一个企业规模越大，成立的时间越长，有关企业使命的思考和确立越是重要。

那这个重要性怎么体现在组织建设上呢？我们认为，使命的问题要经常提、天天提，而且每隔几年企业家就要带着核心团队重新思考企业的使命，并且要把使命贯穿到企业重大决策里去。比如，市场的判断和选择、赛道的选择、业务的选择、核心能力等方面。如果不时常去检讨企业是否在很好地履行使命，那么组织往往越是业务发展势头好、规模扩张越快，越容易得上述几种“组织病”，造成组织力量的发散不聚焦。

企业使命首先要落到企业家的使命上。相比较于西方一些基业长青企业“高瞻远瞩”的使命目标，我国自改革开放后成立的企业，尤其是第一代老板，绝大多数的初衷是发家致富、改变贫穷的命运，少部分人则是由于内心的不安分、想折腾一番而选择“下海”，也有人是因为敏锐地发现了发财机会而创办企业的。但总的来说，极少是因为崇高的使命感驱动而创业的，这是客观事实。老板们进入某个行业往往也具有偶然性，并不全是深思熟虑的结果。

但这并不妨碍他们创业成功，成功地活下来，也不妨碍他们在创业成功后开始思考使命。使命是个实践的问题，老板的境界也是一个实践过程，会随着实践的变化而逐步升华。

从创业成功，在市场上活下来，到想带领一群人持续走得更远，使命的问题就必须放在非常重要的位置，需要深刻思考企业生存的理由——使命。自己创办企业的真正的价值贡献到底是什么，为谁而战为谁忙？

为什么说企业的使命与企业的勃勃生机关系密切呢？因为使命赋予工作以意义，赋予企业以意义。使命追求一定是超越利润之上的追求，聚集众人的力量走得长远的企业一定是一个道义集团，一定是一支“正义之师”。使命是企业发展的最大动力来源，也是干部员工成就感的关键来源。干部员工工作动力最终来自成就感，尤其是知识员工。随着社会的进步，员工对工作的要求逐渐提高，除了养家糊口，必须能提供超越谋生的价值。

组织是人与人之间基于共同目标的集合体，要实现人与人的心心相连，最终要靠使命与价值观。试想一下，一个唯利是图的企业，一个在社会上不受人待见的企业，在里面工作的员工能有成就感吗？组织能充满勃勃生机吗？这样的企业肯定把物质欲望当成目的，肯定会把企业引入“深渊”。员工缺乏成就感的企业充满勃勃生机肯定是不可能的。

2021 年，一些知名企业“暴雷”，因内部事件，或因涉嫌垄断而被全网刷屏，究其根源还是企业文化出了问题。一个企业如果没有企业文化“约束”，那将成为一个“经济动物”，出问题肯定是迟早的事情。

“组织是人与人之间基于共同目标的集合体，要实现人与人的心心相连，最终是靠使命与价值观。

（二）机会、目标与抱负

机会意味着发展的空间。企业的发展一定是建立在机会之上。如果一个产业没有太多的机会，一个企业想取得太大的发展就比较困难。大市场才能产生大企业，俗称“水大鱼大”。

但面对机会确定什么样的目标则取决于企业家本人的抱负。这个抱负就是企业家的事业企图心。企图心可以说是企业发展的第一推动力。它表现为企业的目标，一个远大的目标有利于吸引产业要素资源，尤其是优秀人才。

总有老板在做大、做强、做久之间纠结。一个企业无论你如何选择，规模至上不一定完全正确，但必要的规模肯定是必需的，只有在做大的过程中强化自己的核心能力，使自己变强。至于做久又是一套另外的逻辑，做大不一定做久，其实做强也不一定做久。做久考验的是组织的适应性，对变化的敏感，对新事物的接受，考验的是组织的生命力，是组织有无活力的一种表现。做久与做大、做强有关联，但没有必然联系。做大和做强往往体现的是企业的竞争力，否则没等到变化的到来，企业已经“挂掉了”，退出了比赛，后面怎么变化都和这家企业没关系了。

俗话说，“选择大于努力”。可以说企业中几乎所有的问题都必须在发展中解决，不能在静态的状态下解决，只能在动态中解决，通过发展来解决，通过增量来解决。

机会牵引人才，目标牵引发展，目标既是压力又是动力。必须把企业组织力量引导到为客户作贡献，引导各级干部和员工在市场中开疆拓土，企业的勃勃生机必须有个方向，否则大家都在“布朗运动”，没有方向，大家相互“折磨”“内卷严重”，精力白白地耗散了，每个人都忙忙碌碌却不创造客户价值。这种组织没有未来，最后肯定会“衰竭而亡”。

赛道的选择对每个企业来说是很重要的，赛道比较狭窄，企业的发展就很容易触碰到天花板。企业是个有机体，也需要新陈代谢，吐故纳新，才能保持勃勃生机。企业需要不断挑战自己，折腾自己，需要有竞争对手的刺激，否则在舒适区待久了，企业就会故步自封，组织变得安逸，变得僵化和麻木，自然很难有什么生机。一旦环境有什么变化，这类企业自然就会被淘汰。

引导组织在市场上建功立业，攻占一个个机会点、制高点，引导组织力量向企业之外求机会、求成果，向市场中扩张，以客户为中心，高效地为客户做有用功。这是让企业保持生机和活力的前提。

拥有一个相对广阔的市场，并提出了一个激动人心的目标，用目标来牵引发展，才有可能激发组织活力，让组织充满生机。否则就会“内卷”或暮气沉沉。

必须强调的一点是，广阔的市场，宏大的抱负，激动人心的目标，这些只是让组织生机勃勃的前提条件，是一种必要条件，提供一种可能性。如何使组织充满生机从“有这种可能”变成“很有可能”的大概率事件，请继续往下看。

（三）层级、结构与布局

笔者在服务企业的过程中，经常碰到一个典型问题就是很多企业的创新业务或第二赛道始终发育不出来，其实这也是企业没有生机的一个重要表现。企业“暮气沉沉”，新陈代谢比较慢，缺乏推陈出新的能力。仔细分析这种现象，发现背后一个主要的原因其实和组织设计有关系。

首先，组织设计层级过多，分工过细，等级过于分明而导致僵化。层级过多导致“信息失真”比较严重，上级要么成为传声筒，要么在信息传递的时候被夹带“私货”。过多的层级容易给下面创造工作，上级揽权推责、揽功推过，一线业务部门需要支持的时候，反而得不到有力的支持。

此外基层岗位划分过细导致信息碎片化，动作简单化。这个本身有一定价值，对人员要求不高，可以培养人员一定的专业能力，但也容易“废掉”一个人。岗位设计过于简单和单调，容易造成一个人在岗位上懈怠和不思进取，工作没有什么挑战，自身的才干在实践中提升也比较慢。

一线作战部门或作业部门的岗位设计一定要“粗”一些，综合一些，职责要“宽一点”，叫作“触手不可及”。这样有利于人才的培养，尤其是综合型人才的成长。

其次，一般来说，组织设计的时候有个规则，涉及具体可量化指标的岗位，其层次应该比较低；越是短期利益，越是简单直接的，其在组织中的层次也应该越低。而很多企业的创新业务之所以一直做不起来，原因就在于新业务在组织中层次较低，又被归置在一些承担短期业绩的部门中，或让一个承担短期业绩的责任领导分管，承担短期业绩的领导每天都在“为稻粱谋”，根本没有时间听你汇报，你的决策报告一拖再拖。等到终于开会可以讨论的时候，时机却错过了。

综上所述，创新业务在组织设计中的层次尽可能高，至少让一个高层来管，重要的创新业务应该让一把手亲自管，尽量不要让负责短期业绩的高管分管。

最后，一个组织从顶层来看，业务必须形成一个结构，形成一种增长的结构，实际上有个时间上的“错配”，近几年业绩的增长靠成熟业务，等到增长乏力的时候，创新业务经过几年时间的培育开始发力了，这样组织发展会形成“接力”的局面。因此，相对成熟的业务在组织设计中层次可以低一些，创新业务在组织设计中层次尽量高一点。

这里顺便说一下人员的配置，创新业务人员的配置关键在于质量不在于数量，尤其需要具有企业家精神的人。相对成熟的业务需要大规模放量，需要配置会建组织的人才。

> 一线作战部门或作业部门的岗位设计一定要“粗”一些，综合一些，职责要“宽一点”，叫作“触手不可及”。

（四）分久必合，合久必分

如何把产业要素资源有效组织起来，尤其人力资源有效组织起来，一直是管理实践中的难题。因为组织建设中有很多东西是“反人性”的，需要“逆向做功”的，对人的要求比较高，既不是纯粹的个人主义者，也不是集体主义者，实际上要平衡个人主义与集体主义，做一个集体主义下的个人主义者。或者简单地说，对基层员工可以鼓励其个人主义，层级越高的员工则应该更多关注集体主义。

组织设计中最重要的一点就是纵向设计和横向设计。借用阿里巴巴董事长张勇的一句话，何时“纵向打穿”，何时“横向拉通”，背后的逻辑是组织设计中如何平衡速度与经济两大原则。

1. 纵向打穿，又叫纵向一体化，这种组织方式的优点就是反应快，速度快。这是一种基于信息的组织方式，也是一种基于速度的组织方式，有利于信息迅速形成“闭环”和时间的竞争。它来源于日本丰田汽车公司的“大屋制”，20 世纪 50 年代，丰田汽车公司发现无法通过规模来与福特公司竞争，如何能打败美国的汽车公司呢？丰田公司发现美国的汽车公司新车型的推出很慢，研发效率比较低，因为信息的传递是“串联式”，信息动，人不动，从市场调研部门到设计部门、采购部门……一个部门一个部门的流动，比较慢，效率不高，一个新车型的开发需要 5 年的时间。丰田公司对新车开发所采取的组织方式和美国的汽车公司不一样，他们把新车开发所涉及的相关部门人员，比如市场、设计、采购、质量、工程、装配、财务等相关人员放在一个大团队中，并且在物理空间上放在一起，放在“一个屋檐”下，这样便于信息交流，迅速形成闭环，把新车开发的时间缩短到 18 个月，生产力迅速提高。新车的开发是一个信息密集的业务，信息的组织方式就一个决定因素，信息传递的速度和质量至关重要。

纵向打穿的组织方式适用于新业务的拓展或对反应速度要求比较高的场景中。新业务拓展是指业务处于 0~1 的状态时，需要不断迭代，不断与客户、内部相关人员密切互动，信息互动时刻而密集发生，方能实现业务创新和迭代。如果此时业务需要多方来协调，势必造成工作质量和效率大打折扣，严重影响新业务成形。当需要市场反应速度的时候，业务的组织方式也要采取纵向打穿，这样反应速度比较快，责任清晰，不扯皮。其实中小企业打败大企业的一个主要法宝就是速度，用速度来抗击规模，以小博大。天下武功唯快不破。

2. 横向拉通，又叫职能平台化。横向拉通关注的是效率。当新业务做到一定规模的时候，需要把能力平台化，需要从关注速度转向关注效率，发挥资源的效率，发挥资源的集约化效应，这时候就需要横向拉通，形成一个个能力平台，这也有利于专业能力的精进。

横向拉通形成平台。一般来说，平台某种程度上靠的是沉淀。当某类业务做到一定规模的时候，把业务单元中相关资源和能力集约化，知识经验工具沉淀出来，形成一个平台化能力，这就是所谓的横向拉通，进而形成业务的赋能能力。此时业务量已实现从量变到质变，形成了一定结构，横向拉通成平台后就可形成“乘法效应”，一对多，此时组织就比较经济。当然，业务到了一定规模后不一定都要实现平台化，还要根据实际情况来裁量。

（五）经线与纬线

汉语中的“组织”有“编制”的意思。好比一根稻草几乎一拽就断，但把稻草编起来成为草席就比较结实了，这个当中最为关键的就是“编制”。

组织也是一样的，一个人力量有限，很难成就大事，但一群人组织起来，就能突破个人的限制，成就非凡事业。组织是一种人造事物，是人类的发明，这也是人类伟大的地方。

把人有效组织起来，使得平凡的人能做出不平凡的事业，这是组织应有本义。中国企业家最为欠缺的能力就是建设组织的能力，绝大多数企业家个人能力非常突出，但都不太擅长建组织，尤其不太擅长建立大组织。本文因为不是专门讨论组织建设的文章，笔者仅从组织活力的角度，讲讲组织建设。

要想把人有效组织起来，其实可以借用“编制”道理。组织中都有横纵两条线作用于个人，个人就是一个节点，这个节点可以理解成岗位。借用地理的概念，就是经线和纬线。纵向垂直叫作经线，是基于权力的；横向拉通叫作纬线，是基于流程的。经线与纬线的节点就是岗位，经线和纬线对一个节点形成“拉扯”作用，实际上是一种“张力”。

1. **经线尽量短一些。**上情下达，或下情上达，比较及时和准确。上面确定主攻方向和目标，下级负责拿下“山头”，攻下目标。一线作战单元如何行动，如何应变都是他们自己的事情，由他们自己来“裁量”。后台平台化，形成对一线作战单元的赋能。“火力资源”是一种平台化公共资源。这些公共资源具体配置在什么层面，则考虑速度性和经济性。“一线呼唤炮火”，但一线要承担炮火的成本，只不过是“秋后算账”，打赢后再算钱，炮火是有成本的。一线一般采取“获取分享制”，你的收入和支出都是你挣的。

2. 纬线尽量要简化。基于任务的流程要简洁高效。流程的高效关键体现在前后流程之间的衔接，也就交叉的地方，这个地方容易扯皮，影响流程的质量和效率。流程思维是基于目标分解形成一组活动，它是一种价值流。每个流程都有一个责任人对责任成果负责，每个节点必须对责任成果负责，不是对流程本身负责。否则流程就容易陷入僵化，都追求无过错，但没有结果。一般来说流程是针对一件事情的。流程上的每个节点需要明确，我的客户是谁？即我的输出给谁当作输入？我输出的信息是什么？我输出信息的形式是否符合输入者的要求等。以达成责任成果来衡量流程上每个节点的价值贡献，也就是每个节点对责任成果作了什么贡献。

公司的评价和分配机制是核心激励机制，其必须导向冲锋，导向奋斗，导向贡献。

这种经线与纬线的组织方式，正如《华为基本法》所说，是一个不断适应战略和环境变化，从原有的平衡到不平衡，再到新的平衡的动态演进过程。不打破原有的平衡，就不能抓住机会，快速发展；不建立新的平衡，就会给公司组织运作造成长期的不确定性，削弱责任建立的基础。这是组织活力的一种体现。

这里必须说明，这种横向和纵向形成对岗位的一种张力，对岗位人员要求比较高，但是这种组织有活力，因为对人的依赖性减小，反而使组织充满活力。

（六）评价和分配是关键

有经验的管理者特别重视机制建设，用机制来激活组织。其实机制的核心就是“凭什么获取报酬，凭什么分配资源”。评价和分配是其中的重中之重，建立依据和标准是个“牛鼻子”。在公司内部引入外部市场压力和公平竞争机制并以此激活队伍。

公司的评价和分配机制是核心激励机制，其必须导向冲锋，导向奋斗，导向贡献。这方面华为的经验是值得学习的。华为的激励机制主要分为两个，一个获取分享制，另一个是悬赏制。获取分享制容易理解，就是你的收入必须靠你自己挣出来，一般来说，你的收入多寡取决于你打回来的粮食多少，多劳多得。当然战略性的业务除外。这种机制导向为客户创造价值，导向真正地做有用功，比较容易剔除掉一些“假动作”，也不会被“忙忙碌碌”所迷惑。这种责任成果的获得必须经得起真正的市场检验，是可以进行量化的。

悬赏制主要针对一些战略性与创新业务、职能发育、公司级改善项目，等等，这些可以理解成非量化，但对公司中长期发展至关重要。

敢于拉开收入差距对激发组织活力也很重要。只有压差比较大才能造成流动，不然的话，死水一潭。激励资源要集中向超级奋斗者和中坚力量倾斜。这个方面，美的集团做得非常好，美的集团身处白色家电行业，其本身毛利率就不高，相应的激励资源本来就不丰富。**如何在低毛利的前提下做好激励？美的集团的经验就是把有限激励资源向核心骨干人员倾斜。**这种做法也符合社会学的统计规律。企业每个员工所作的贡献是不均衡的，符合二八法则，少数人作出绝大多数的贡献，在数字时代甚至达到5%:95%。基本工资很难做出倾斜，但奖金的分配要体现集中原则，向少数贡献大的核心员工倾斜。

推而广之，其他的分配，甚至职位分配也不是按部就班的，破格提拔也是一种非常好的机制，对激活组织活力也起到非常重要的作用。拉大收入差距，以及破格提拔等都是激活组织的最好办法。

（七）分权与控制

“一放就乱，一收就死”。这是很多企业管控的真实写照。怎样做到“活而不乱”呢？这就涉及一对非常重要的“矛盾”——分权与控制。

分权是组织建设的关键因素，也是保障组织活力的必要条件。大多数组织僵化、官僚的主要原因就是分权不够，传统金字塔组织，权力集中在上层，官大一级压死人，权力部门高高在上，远离一线，它们控制资源，一线部门得不到授权，没有足够的资源保障，反而事事汇报、件件审批，白白贻误战机。如此这般，一线部门多一事不如少一事，哪里有动力和活力啊！

管理实践表明，权力上移，责任也随之上移，这种组织只是雇用了员工的双手，没有雇用员工大脑，员工表现出来就是好像“没有大脑”，上层越是觉得他们没有大脑，越不分权，他们就越表现的没有大脑，如此恶性循环，在知识经济时代这是一种最拙劣的组织。

市场瞬息万变，客户场景随时都在变，一线作战单元随时会面临很多意想不到的情况，如果权力部门远离客户、远离现场，不掌握第一手信息情报，决策势必缓慢，也很难做出正确的决策，这种方式很难适应瞬息万变的现实。

决策权必须贴近客户，贴近现场，随需而变。一线作战单元越来越综合化，平台越来越赋能化，一线作战单元能解决就自己解决，资源尽量下放，不能解决就呼唤后台支援。唯有如此，才能激发一线的活力，竭力支撑一线作战单元“奋勇杀敌”，打胜仗。

笔者在服务客户的过程中，经常被问到，怎么分权而不乱？

很多老板舍得分钱，但不愿意分权。究其原因是怕乱，或曾经分过权，但分得比较失败，一朝被蛇咬，十年怕井绳。

殊不知，权力与责任是成对出现的，分权的同时，必须用责任来约束权力，没有责任就不应该有权力。其实分权的背后涉及资源的配置，资源的调用最终要算成本的，只不过是“秋后算账”。**我们在谈论分权的时候，首先要看责任主体在哪里？谁承担打粮食的责任，权力跟着责任走，权力要用责任来约束，否则就会导致乱权、滥权，导致腐败。**权力只能用于产生绩效，这是权力的合法性来源。

美的集团的经验表明，分权与机制约束关系很大。美的集团以善于分权而闻名于世，权力与责任是匹配的，权力大责任也大，并且责任约束是刚性的。什么叫责任刚性呢？这就是美的集团创始人何享健所说的，我宁愿损失一个亿，也不愿使机制弱化。简单说一下，“三个月检讨，六个月下台”。权力背后是责任，利益必须和责任相称。能力也要和责任匹配。能力可以通过赋能的方式弥补一部分。美的集团主要通过业财结合，把重要任务的实施方案抠得比较细（可能会采取集体智慧，领会领导的意图，但方案必须是战斗部门自己做），先做到“纸上谈兵”，然后在执行中优化迭代。美的集团的最优实践表明，分权并非放任不管，只要结果。

> 权力与责任是成对出现的，分权的同时，必须用责任来约束权力，没有责任就不应该有权力。

此外，还有一点非常重要，要做到责任刚性，必须保持人才一定的冗余，同时对内必须营造一种“良性竞争”的局面，如果干不好就有人替换你。

管理政策统一，经营权下放。分权首先指的是经营权下放，但管理的政策尽量统一。分权的同时意味着控制权必须集中，这是分权的应用之意。很多企业忽视了这一点。

规则的透明和相对稳定可预期也非常重要。管理的最高境界就是信任，经理人和核心决策层、管理层和员工之间的信任对激发组织活力非常重要。这一点美的、华为的做法也是值得大家学习的。

制度是死的，人是活的，制度也不能面面俱到，否则管理成本会非常高，也容易造成制度僵化。制度应该是简化可操作的，制度应该是抓住主要矛盾和兜底的，制度的空白地带需要信任文化和价值观来弥补。

（八）保持对变化的敏锐感知力

组织规模一旦变大了以后，就会形成专门职能和系统，比较容易造成内部和外部隔绝，每个部门和系统就倾向于自我循环，给别人创造工作，并以此刷存在感，似乎忘记了自己为何而存在。那么，**一个组织如何培养自身对内外部变化的敏锐感知能力呢**？这是企业经营管理实践中经常碰到的一个难题。对环境缺乏敏锐感知力的企业很难有活力，这种企业不知道哪一天就会“轰然倒地”。

很多企业养成了对问题的关注，也学会不断复盘和改善，但往往忽视了对出乎意料的成功或失败（包括友商）的关注和思考。恰恰出乎意料的事情可能就是环境发生变化的一个标志，优秀企业必须高度关注出乎意料的事情。

通常大多数企业都有经营分析会制度，月度或季度经营分析会，大多数企业基本上把主要精力放在那些指标没有完成的地方，分析其没有完成的原因，下个月或季度如何整改，以期实现指标。这样做非常有必要，但仅仅这样做是不够的。

卓越企业一般会在经营分析会上增加一个非常重要的内容，就是看市场上有无出乎意料的事情发生。比如说，某个市场或某款产品出乎意料的成功，它的成功或超常销量也是管理层没有想到的。这时候管理层要多留心了，一定要深入现场亲自做“田园调查”。搞清楚这个产品或这个市场为何有这样的“反常现象”。很多时候，一看就会发现一些非同寻常的端倪。

企业要设立一个机制对这种出乎意料的情况作出反应。比如，调集优质资源向那些管理层没有想到却表现异常的市场或产品倾斜。很多企业这时候容易犯一个错误就是对出乎意料好的市场或产品视而不见，反而会从市场或产品线抽出一些资源调到没有达标的地方。因为他们的逻辑是这些地方不用怎么努力就能表现好，可以抽出一些资源到别的地方。这种做法恰恰是白白把一个绝好的机会完美地送给了竞争对手。等到一段时间之后醒悟过来，“千舟已过万重山”，追悔莫及。

其实出乎意料的失败就意味着环境变了。很多企业上马一个新项目或新产品之前，通过科学和翔实的市场调研，并召集了好几轮专家论证，新产品在万众瞩目中上市，大家满怀欣喜地等待市场传来捷报，结果新品不温不火。此时传递了一种信号，环境有变化了，市场有变化了，客户需求偏好发生了变化，甚至客户结构发生了变化，友商发生了变化，竞争基础发生了变化了，等等。

企业恰恰要走到客户中去，更要不断追问自己“我们的业务是什么？我们业务将是什么？我们业务应该是什么？”

最后还要补充一下，友商的成功和失败都要引起自己的深度思考，一些优秀企业的做法就值得我们学习，他们每半年甚至每个季度都有专门的务虚会讨论自己、友商或市场中一些出乎意料的事情，甚至包括随着自己所处的赛道变宽，有无引起“野蛮人”或被“大块头”盯上，会不会被他们来一个“豪夺”或“降维打击”。这个在数字时代的今天异常重要。

笔者建议，每个企业进行经营分析会或战略务虚会的时候，一定要留足够的时间讨论一下出乎意料的事情，并以此改进企业的一些策略。

（九）新鲜空气、血液与流动

号称宇宙第一定律的“熵增定律”，是指在一个孤立系统里，如果没有外力做功，其总混乱度（熵，系统中无效能量）会不断增大。按照物理大家薛定谔的观点，生命其实就是对抗熵增定律，生命以负熵为主。企业的发展进程也是符合熵增定律的。好的管理一定是对抗熵增，引入负熵，激活组织。如何才能做到呢？

第一，一个组织不能自我封闭，要形成一个开放系统。新的思想、新的信息、新的知识要进来，新陈代谢，吐故纳新。一个企业一定要一个“管道”与外部相连，让新鲜空气通畅流入企业。员工和干部都要不断学习，尤其企业的高层管理者更是要多出去走走，多看多思考，要与牛人多喝咖啡多喝茶。通过一杯咖啡吸收宇宙能量。公司要有收集、分析和利用情报信息的制度和功能。对标学习、跨界学习是企业进化最好的办法。很多优秀企业都一个习惯，长年聘请各类外部顾问，这其实也是保持“新鲜空气”畅通的一个非常好的办法。

“一定要深入市场、现场，走出办公室、会议室，真实地感受报告、文件等背后的“脉动”。”

还有一点也非常重要，一定要深入市场、现场，走出办公室、会议室，真实地感受报告、文件等背后的“脉动”。因为一旦形成报告、文件，就有可能已经“过滤”掉一些信息，决策层一定要掌握第一手“鲜活”信息，从客户中来到客户中去，从员工中来到员工中去。

第二，大量启用年轻人。年轻人天然有活力，干劲十足。很多企业会很关注一个指标，经理层或中坚层的平均年龄，像美的集团经理人的平均年龄是 26 岁，也就是说大学毕业 3~4 之内就被提拔到管理层，成为骨干了。这里多说一句，干部年轻化能有力地激发组织活力。同时年轻人也勇于拥抱变化，勇于变革，对新事物接受比较快。

第三，流水不腐，户枢不蠹。人员流动也是保持组织活力的一个主要措施。企业要建立起必要的轮岗和换岗制度，尤其针对管理层。组织要建立起一定的淘汰机制。华为有个做法值得学习，华为有意识地每隔一段时间就“折腾折腾”干部，保持组织活力，防止组织板结。

第四，保持一定的人才厚度，建立起内部的良性竞争机制对组织活力有非常大的促进作用。一个人做，旁边有人“虎视眈眈”，你不干或没有干好，马上有人替换你。这样势必会造成一种组织“紧张感”，减少懈怠，使组织充满活力，也比较容易接受新事物。只有变化才有机会，尤其对年轻人来说。

在一些岗位上，保持一定比例的人才引进，也是保持组织活力的一个基本手段。把自己的优势“耗散”掉也是保持活力的一种方法。比如，利润高了，就要对未来多投入，保持必要的利润水平就可以，追求成长最大化，而不是利润最大化。太过于依赖某些方面，恰恰可能是危险，如果环境发生变化，原来优势可能会变成劣势。

（十）“拧麻花”与悖论

华为首席管理科学家黄卫伟老师凭着多年对华为管理的观察和思考，提出了一个极富洞察力的观点，“拧麻花”。黄老师认为华为的组织充满张力，非常有活力，其中主要管理“窍门”就是“拧麻花”。两股对立的力量同时作用，相反相成。就像拧麻绳一样，一个往左使劲，一个往右使劲，结果是绳子越拧越紧。

黄老师认为，“拧麻花”可以有多种拧法。可以是前后拧，也就是增加一个时间的维度，一个时期强调一种主要倾向，一张一弛，波浪式发展。也可以是左右拧，在组织中建立扩张的部门和制约的部门，你扩张，我制约，你攻城略地，我管理经营。

还可以是上下拧，企业高层领导往战略方向上拧，中基层主管和员工往效率和效益上拧。更可以是里外拧，内部追求股东和员工利益，外部满足顾客和合作者利益，维护哪一方利益都必须以其他方面利益的合理实现为前提，损害哪一方利益都会损害各方面的利益。

“拧麻花”，不是平衡，不是妥协，不是折中，它是两边往相反的方向运动，当各自达到最佳状态，松开就会产生一种新的力量。任正非说，企业管理的许多机制都要像“拧麻花”一样，都达到各自的最佳状态，形成新的组合。“拧麻花”实际上使得组织非常有活力。

管理上有很多“悖论”，一个分工精细的组织，管理完善，流程化程度很高，信息化水平高，对人的依赖很小，但企业也可能输在这些长处上，比如，分工精细地企业，对人的要求不高，却很难培养出综合型人才，更不要说培养具有企业家精神的人才。企业中变革是永恒的，必须主动打破平衡状态，打破自己的舒适区。企业发展也是一个“螺旋上升过程”。从依赖英雄到不依赖英雄（组织化程度高），再到呼唤英雄的阶段（新事业的创业阶段），螺旋式发展。这些也能促进组织活力。

（十一）容忍“另类”文化与及时纠偏

面临不确定环境的时候，企业文化需要容忍“另类”，不过分追求“整齐划一”。正所谓“和而不同”。企业文化保持适度的多样性，恰恰能增强组织的适应性，使组织充满活力。

在相对确定的状态下，企业强调价值观统一是没有问题的。变革时期，企业则应该强调一切行动围绕“打粮食”“增加土壤肥力”。面对不确定的时候，企业应该统一于使命愿景，不断迭代。很多时候，我们必须坚守原则，但我们要包容行事风格上的不一致。企业一定要宽容一些“鸭先知”们，给他们多一些生存空间。

组建团队要注意团队成员风格的多样性，不能用一个模子去套，要用不同类型的人。团队、组织的好处就是超越一个人的限制。制度管理的都是“乖孩子”，老板恰恰需要关注那些“调皮捣蛋”的人，那些偶尔干点“出格事”的人，这些人当中往往有“大才”。

纠偏机制很重要。红蓝军制度、民主生活会、自我批判制度等都是一种纠偏机制。重大的决策一定要有不同的声音，否则就缓决策。直面问题，实事求是也是一个优秀组织需要倡导和践行的。

方向大致正确，组织充满活力。数字时代，保持组织活力是非常重要的，也是组织适应环境变化的一个重要保障。本文是笔者在服务企业的过程中一些观察和思考，希望能给大家一些启示。

数字化转型落地三问：
认识不到位、执行力不足、数字化领导力不够怎么办

作者 | 彭剑锋

人类社会发展到今天，正进入一个全新的时代，我们称之为数字化时代或者数智化时代。数字化转型关乎着国运、民族的复兴，关乎着产业重构升级，关乎着中国企业如何提升全球的竞争能力。我们不能仅仅将数字化视为一种技术或者工具，它是一个新时代，是适应海量的、碎片化的、实时的、多场景的客户需求的价值创造与获取方式的革命，是人类社会的一种人、机、物三元融合的新的生产方式，新的产业组合方式与新的生活方式。

未来，数字化将深入任何一个产业环节，任何一个生产与消费环节，从而真正实现生产要素和生产条件的新组合。数字化转型升级将成为中国企业实现“弯道超车”或者“变道超车”的必由之路，也是中国企业未来战略成长的必选题。

但当前，企业在数字化转型升级方面面临着认知不到位、执行力不足和数字化领导力不够的问题。

一、数字化转型升级究竟能给企业带来什么

数字化转型升级究竟能给企业带来什么？转型升级的实质是什么？我认为，数字化转型升级能够使客户一体化体验升级，可以全面帮助企业提质增效，使得一个企业的效能得到系统的提升，通过数字化来推动商业模式与业务模式创新，从而实现企业的战略新增长。数字化转型升级能给企业带来的改变主要体现在三个方面。

第一，数字化使客户的一体化体验升级。

在数字化时代，可以实现从生产导向到客户价值导向，过去是先生产，再消费，在数字化时代，由于跟客户的深度链接，就可以实现先消费，再生产。利用数字技术去丰富客户的接触点，简化客户的接触过程，通过数字化，精准地理解客户需求，优化客户需求的处理流程，打破内外边界，重构客户价值，打造线上线下多渠道，无缝链接的、综合一致的客户体验。尤其是从客户特定场景的需求出发，我们通过大数据挖掘客户需求，设计总体的解决方案，让客户和企业完成需求、交易、体验的全面提升，从而实现端对端的集成和生态链的打造，沿着客户全互动的旅程带给客户便利性和舒适体验，带给客户特定场景中的特定价值体验。所以，数字化转型升级的核心使命就是提升客户的一体化、一致化的体验价值。

第二，数字化转型升级能带来企业效能、系统的提升。

因为一个企业通过数字化转型升级，就可以基于数字化去重构企业的内外价值链，实现资源的精准配置与整合。通过数字化的链接，通过数字化的人才知识共享协同平台，人才就可以在任何时间地点，随时随地沟通，随时随地工作，随时随地进行基于数字化的工作任务的协同。另外，数字化使得整个企业运营信息透明化，通过大数据支持决策，使整个企业的运营效率，决策的准确度、协同效率，人才的使用效能大大提升。总之，通过数字化可以让制造业同时做到质量更好、服务更优、成本更低、交付更快，同时，通过数字化，一个企业形成了新的制造能力，使企业的制造能力更加敏捷、更加精益、更加智慧、更加柔性，这样就可以全面提升企业的系统效能。

第三，数字化可以加速企业商业模式、业务模式创新。

大数据产生数字化的产品与服务创新，通过大数据推动数字化新的商业模式与新的业务模式创新，那么，新模式和创新就可以驱动企业新增长。通过数字化可以重构企业的产品与服务的创新流程，实现企业内部创新与外部创新的横向集成，有了数字化的链接，使得创新不仅发生在企业内部，而且可以利用外部的创新资源，去构建开放共享的知识创新平台，去构建开放融合的产业生态，实现企业的产业创新与整合。

二、如何提高数字化转型升级的执行力

基于数字化的转型升级与系统变革，已经成为中国企业实现高质量发展的核心战略，但是很多企业老板跟我讲，要真正要实现数字化的转型升级，说起来容易，做起来难啊！因为企业基于数字化转型升级的基础太差，很多企业面临的现实是从数字化的1.0 版本要一步跨越到 3.0 版本、4.0 版本，难度可想而知。这是其一。

一个企业通过数字化转型升级，就可以基于数字化去重构企业的内外价值链，去实现资源的精准配置与整合。

其二，企业家在转型升级过程中感到最困惑的事是：企业转型升级缓慢，执行力不足，变革效果不佳。比如，转型升级是要提高客户的一体化体验，提高企业的整体系统效率，但企业在推动数字化转型升级的过程中，发现转型升级并没有带来客户一体化体验的提升，以及企业系统效率的提升，反倒还增加了很多改革成本。

其三，由于数字化转型升级是一场系统变革，是一场深层次革命，所以转型升级相当于要革自己的命，要求企业家和高管实现认知与思维的系统变革，要走出经验曲线和“舒适区”，这个难度是非常大的。

由于上述三个原因，很多企业在理念认识上到位了，但在行动上却非常缓慢，系统变革的推动能力与执行能力都不足。

如何去提高企业转型升级与变革的执行力？我认为有以下几

个方面。

第一，企业家的危机感、变革紧迫感不足，自我批判精神不足。

转型变革力度不够、落不了地，首先要找企业家的原因。企业家对于为什么要进行数字化转型升级，企业为什么要进行系统变革、变更的目的目标是什么、愿景是什么等问题，其实还是没想透，没想明白，所以也提不出富有说服力和感召力的变革愿景。同时，企业家对转型升级与系统变革。还是抱着一种“赶风口”的心态，转型升级一旦遇到问题就犹疑不决，员工一看自然就持观望态度而不是立即执行。所以，一个企业要提升转型升级与系统变革的推动力与执行力，我认为企业家自己要完成对转型升级与系统变革的系统思考，要有顶层设计，要坚定转型升级的信心与转型升级的战略定力，企业家要亲自去领导变革。**企业家要成为变革的引擎和发动机，企业家坚定了转型升级与变革的意志和决心，员工就会有坚定的信念去执行。**

第二，企业家明白了，但整个高层领导团队的危机意识和紧迫感不够，高层领导团队没有达成变革的共识。

企业数字化的转型升级。首先面临着高层领导团队的知识结构、能力结构、人才结构必须进行调整的问题。我经常谈到，企业要基于数字化转型升级的话，企业的高层领导结构所面临最大问题是知识结构太单一、专业结构太单一，其次是年龄结构老化。说白了就是要换人，要引进新鲜血液。高层团队要引进跨界的人才，以及专业化的数字人才。同时要引入一批年轻人，要让年轻人脱颖而出。高层领导团队“85 后”“90 后”至少要占三分之一。如果整个高层领导团队平均年龄五六十岁，就很难真正去理解并推动数字化转型升级。

从这一点来讲，企业要进行数字化的转型升级，首先是企业领导班子的结构转型。同时，企业的变革方案也不能再单靠老板一个人拍脑袋，一定要从老板个人拍脑袋走向群体智慧，企业要进行跨界融合，集聚群体智慧。另外，企业真正要推动变革必须有强有力的变革领导小组。

第三，现在很多企业有变革的方向，但没有正确而可行的变革策略和举措，没有确立变革的里程碑式标准和成果。

由于数字化的转型升级是一个长期的战略过程，企业需要建立变革的里程碑式标准和成果，通过阶段性成果的达成，去坚定企业全体的变革信心。

第四，变革推动不下去是因为员工不支持，员工的执行能力差，员工的能力跟不上。很多企业没有跟员工进行有效的变革沟通，员工还是没有危机感、紧迫感和变革意愿，也没有变革能力，就导致变革推动力差。变革得不到员工的支持，同时企业也缺乏长期绩效与长期激励体系，使得整个变革缺乏内在动力和绩效标准牵引力。所以一个企业真正要推动变革，还要跟员工进行有效的沟通，并且要建立与未来战略目标相匹配的长期激励机制和长期绩效评价体系，这样才能牵引和推动员工朝着未来的战略目标去执行。

第五，企业执行新战略和变革方案的资源配置不足，战略准备度不够，企业也不能为员工执行战略、执行新的变革任务去赋能。比如，现在推动数字化的转型升级，就必须提高数字化部门在组织中的位势。同时要加大数字化人才、数字化资源投入。不进行资源投入，不加大对数字化人才的投入，整个企业的数字化转型升级是很难推动下去的。

第六，整个转型升级仍然缺乏系统的新理念、新工具、新方法。所以我们前几年就提出，中国企业基于数字化的转型升级必须确立“新六化”，战略生态化、组织平台化、人才合伙化、运营数字化、领导赋能化、产业要素社会化。要用“新六化”去引领中国企业的系统变革与转型升级。同时企业要进行观念的更新，要引入新的战略工具、新的组织工具、新的人力资源机制和新的方法体系。只有通过新一轮的知识更新，能力升级，以及新工具、新方法的引入，才能真正推动中国企业的转型升级与系统的变革。

三、如何打造新领导力，引领数字化转型升级

数字化的转型升级是一场深刻的、系统的变革与创新，它不仅是一个企业首席信息官的责任，而是企业家和高层领导团队的责任。企业真正要推动数字化转型升级，首先需要企业家和高层领导者进行观念的变革、思维的转型、知识的重构、能力的升级，需要新的管理方式与新领导力。

企业真正要推动数字化转型升级，首先需要企业家和高层领导者进行观念的变革、思维的转型、知识的重构、能力的升级，需要新的管理方式与新领导力。

数字化的新领导力是什么样？我认为主要包括六大要素，我称之为“新领导力六大要素”。

新领导力要素一：愿景、使命、感召力

以数字化转型升级为特征的变革时代，需要企业家与高层领导团队确立企业的愿景、使命和领导力，尤其是处在不确定的、复杂多变的环境之中，要求企业领导者必须具有前瞻性和对未来的洞见力。企业家与领导者首要职责就是洞察趋势与先机，引领方向，坚定信念，使命驱动。引领整个组织持续奋斗，让整个组织不迷失方向，保持方向的正确。同时，通过组织机制的创新，让组织永不懈怠，永葆事业激情。

新领导力要素二：生态共生的战略思维

企业进行数字化转型升级，必须确立生态共生的战略思维。因为未来的社会市场经济是一个深度关联、跨界融合、开放协同、利他共生，看似无序但有序的生态圈系统，企业生存发展的生态思维与在社会生态协同体系中的战略定位，是企业必然的战略选择。

所以，企业家、高层领导者要从线性思维走向生态战略思维，要走出过去的连续性的经验曲线，敢于突破已有的资源和能力，去挖掘尽可能的企业成长空间，进行商业模式、企业业务模式的创新，要从过去的二元对立思维、零和博弈思维，真正走向竞争、合作、利他、共生的生态思维。同时企业也要从过去的非对称性的资源配置原则，走向对称性的资源配置原则，从先瞄准再开枪，到先开枪再瞄准，在“干起来”的过程中去试错、迭代，在“干起来”的过程中依据反馈去动态调整企业的战略方向，修正战略行为。

在选择一个业务方向的时候，有时候可能几个团队同时干一个项目，同时跑个一到两年，看哪个团队最能代表未来，再来确定与聚焦这个业务的方向，一旦确定了未来的业务与战略发展方向，其他团队就可以解散，把资源集中配置于能代表未来的战略业务方向之中去。这就是从传统的连续性的战略思维转向生态战略思维的做法。

新领导力要素三：数字化洞察力与决策力

在数字化时代，数据资产成为企业的核心资产，那么企业所拥有大数据，以及算力、算法就成为企业新的核心能力。所以，企业家与高层领导团队，第一，要尊重数据，要尊重专家权威，要依据大数据来进行决策，不能靠过去的经验决策，而是依据数据决策。第二，在尊重数据、尊重专家权威的基础上，还要发扬企业家精神，不拘泥于数据，对数据要有洞察力，企业家在数据之中，去感知企业经营管理上存在的问题，洞见他人看不到机会，勇于创新，敢于拍板。

新领导力要素四：跨界融合的领导力

在一个产业生态体系之中，企业构建产业生态优势，就要从封闭式产业链走向开放式的产业链，要构建与用户融为一体的生态圈。跨界融合将成为企业经营和组织模式的主要特征，打破内外边界，构建生态，整个组织实现内外跨界开放融合。

这就可能涉及企业业务要跨界、组织要跨界、人才要跨界，那么作为企业家和高层领导团队就必须要有跨界融合的领导力。

打造跨界融合的领导力，第一要有开放合作的心态，要有海纳百川的胸襟；第二要有跨界的知识结构，跨界的人才和跨界沟通能力，能领导跨界的团队；第三要有包容不同个性人才的心态，要创建具有开放性和包容性的企业文化土壤，只有这样，才能真正打造跨界融合的领导力。

新领导力要素五：分享赋能的领导方式

一个企业要构建基于数字化的平台和生态体系，那么企业领导的方式必须改变，要建立起分享赋能的领导方式，因为未来，去中心化、去科层化、去威权化可能会成为组织变革的一个趋势。那么，在生态化 + 平台化 + 分布式的组织模式中，领导者不再是凭借权力和权威来实施领导，而是凭借资源整合及平台构建能力为前线和员工去赋能。同时，领导者也不是利益独享者，而是利益与权力的分享者，同时也是组织分享规则的制定者和守望者。

新领导力要素六：自我批判与自我超越的品质

数字化的转型升级是一场深刻的革命，企业家和高层领导要有自我批判与自我超越的品质，以及勇于担当的领导风格。说通俗点，首先要革自己的命，比如说企业家做决策的时候，就要尊重数据，要尊重专家权威，不能拍脑袋。在数字化时代就必须要公开透明，不能搞小圈子。

总的来说，建立数字化领导力首先要求企业家和企业高层领导团队，进行认知革命和思维更新，包括知识的更新、能力的升级，敢于走出过去的经验曲线，敢于否定自己过去的成功，敢于走出成功的陷阱，敢于自我批判、自我超越，才能真正去牵引、推动整个企业的数字化转型升级，为企业创造新的未来。

方法

CHINA STONE ▶▶

参与目标，认可目标，用自我控制代替压制性的管理，可以激发员工的责任感，实现目标的过程，会比目标更重要，比回报更重要，这就是目标激励的价值。

——张小峰

如何发钱才能发挥出最优激励效果

■ 作者 | 张小峰　华夏基石集团高级合伙人

薪酬是什么？从 HR 视角看，是工资、奖金和福利等货币化因素。从管理者视角看，薪酬就是员工在企业中的回报，包括物质的，也包括精神的，是员工感知的所有心理效用。实践过程中，钱的多少未必能带来激励效果，如何发钱可能更有效。

赫茨伯格从 1754 个案例的调查中发现，让员工感到非常满意的因素，主要是工作的成就感，工作本身带有挑战性，工作获得的认可和赞赏等，这些因素能够带来满意感，是激励因素。缺少这些因素，员工会失去满意感，满意的对立面，不是不满意，是没有满意。同样，不满意的对立面不是满意，是没有不满意。由此赫茨伯格提出了双因素理论，明确了保健因素和激励因素的区别（见表 1）。

表 1　　保健因素和激励因素的区别

保健因素（外在因素）	激励因素（内在因素）
公司的政策与行政管理	工作上的成就感
与同事之间的人事关系	工作中得到认可与赞赏
工作环境或条件	工作本身的挑战意味和兴趣
薪酬	工作职务上的责任感
职务、地位	工作的发展前途
工作的安全感	个人成长、晋升的机会

基于此，我们提出了物质激励六要素和非物质激励七种武器，其中物质激励六要素主要包括工资总额、组织绩效、中高

管薪酬、薪酬内部分配、个人绩效、发展通道，非物质激励七种武器包括目标激励、关爱激励、文化激励、游戏激励、荣誉激励、认可激励和发展激励。

物质激励六要素是HR关心的话题，其中工资总额、组织绩效和中高管薪酬是外延性、扩展性管理措施，业绩好则工资总额高，组织绩效符合发展方向，工资总额兑现就高，所以我们将其定位为一级激励机制。通过规则的设计，鼓励“做大蛋糕”，持续突破，创造高绩效。薪酬内部分配、个人绩效、发展通道则是内部管理措施，鼓励客观公平公正，增强多劳多得、优劳优得的导向（见图1）。

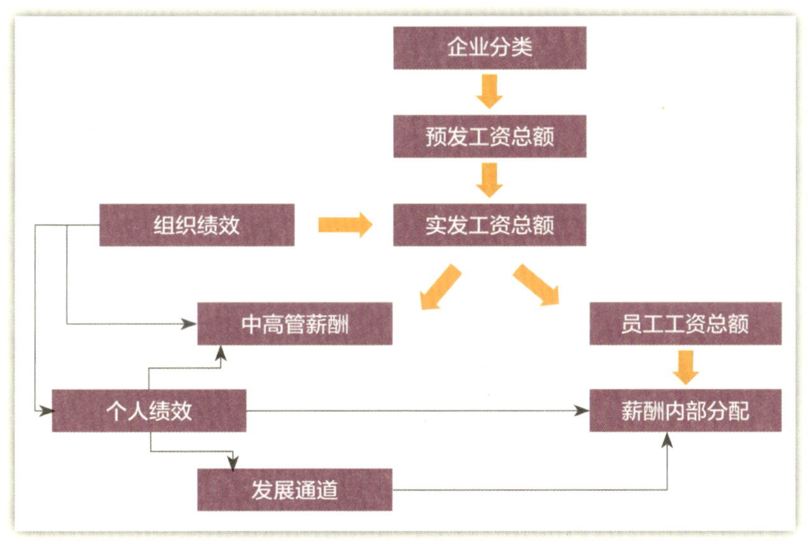

图1　物质激励六要素在企业的运用

非物质激励七种武器则是每一位管理者的必修课，只有管理者在日常工作中亲力亲为，才能真正起到激励员工的作用（见图2）。

一级激励机制：“利出一孔”实现“双赢”

组织分类是基础，组织的不同属性，定位有所差异，薪酬

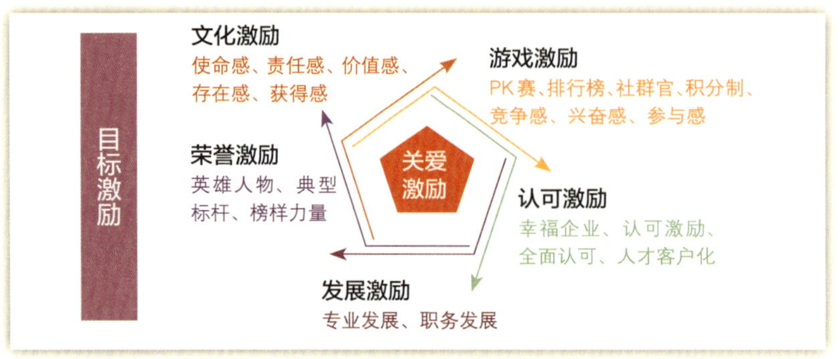

图 2　非物质激励七种武器

分配导向也应有所差异。不同类型企业管控方式不同，体现在资源分配、用工管理、预算管理、绩效考核和薪酬分配等各个方面。

作为稀缺性战略资源，薪酬资源应向高价值领域倾斜，优先向战略贡献度高、经营质量高、发展潜力高的组织倾斜。所以激励机制落地之前，先要做好组织分类。

（一）工资总额分配：尊重历史、增量分享、规则治理、共创共赢

工资总额分配，一般包括两种方式，同经营业绩直接联动和同人员规模直接挂钩，即“工效挂钩”和“数人头”。

同经营业绩直接联动的工资总额方式也包括两种模式：零基联动和增量联动。

零基联动模式，强调经营导向，鼓励提升效益，做大资产，强激励，强约束，每年工资清零，重新计算工资总额，业绩好则工资总额持续增加，业绩差，工资总额直接下降。一般在联动时，选择毛利或净利润作为联动指标，y=a×x，即工资总额 =a× 经营效益指标。配套加速计提机制，效益越好，激励力度越大。

增量联动模式，同样鼓励经营导向，提升效益，但与经营质量强挂钩，业绩增量越多，则工资增量越多，鼓励进步，业绩持续向好，工资持续增加。一般在联动时，以上一年度核定工资总额为基数，配套经济效益增长情况和经营质量，确定增量工资具体比例。

同人员规模直接挂钩确定工资总额，要按照新增人员岗位、职级、工资标准等据实增加工资总额，才能避免“钻政策漏洞”。

“工效挂钩”和“数人头”确定的工资总额均为一次核算，需要配套二次专项调节包和组织绩效兑现系数。

（二）专项调节包和组织绩效加强管理导向与任务落地

不同类型、周期和定位的组织专项调节包应有所差异，超额利润分享机制，鼓励绩效持续突破，增量分享；战略薪酬包，在认定的业务领域内，给予一定比例薪酬反哺；重大专项任务、以丰补歉 / 预借归还、总成本预算、人员变动等各类专项调节包，都是管理导向，都应根据实际情况落地实施。

工资总额确定机制确定工资总额，专项调节包根据导向调节工资总额，组织绩效系数兑现工资总额，三者联动，实现“利出一孔，力出一孔”。

组织绩效兑现可以用工资总额、员工工资总额、高管薪酬三个维度，其中应用工资总额后，可不再单独应用于员工和高管薪酬。

（三）中高管薪酬既关注责任与价值，也关注资历和级别

作为组织的负责人，战略目标的实现、价值观的传承、组织能力提升、人才梯队建设都是管理者的分内之事。所以要将工资总额、组织绩效同中高管薪酬建立直接联动机制，工资总额高，个人薪酬高，组织绩效好，先有共同利益，才有共同事业。

高管薪酬同样适用“3P1M”模式，拆分薪酬结构时，代入针对性管理导向，一般拆分为基本工资、岗位工资、年度绩效、任期激励，比例 20%、20%、40%、20%，体现个体差异，体现部门差异，追求年度绩效，更鼓励长期视角（见图 3）。

基本工资	基本工资考虑高管能力水平，与职级、工龄、管理年限挂钩，按月发放
岗位工资	岗位工资与职务、岗位价值，即经营管理难度挂钩，按月发放
年度绩效工资	年度绩效工资与年度绩效目标预算及完成情况挂钩，按年发放
任期激励	任期激励与中长期任务目标挂钩，按任期发放，以年度绩效工资兑现值的一半为标准

图 3　薪酬结构拆分

一级激励机制，鼓励做蛋糕，蛋糕越大，利益均沾，才能实现全营一杆枪。所以在工资总额、组织绩效、高管薪酬设计时，一定是扩展性和外延性思路，在能够打粮食的地方，在创新突破的地方，配套激励资源和具体规则，实现增量分享、规则治理、共创共赢。

二级分配机制：内部公平比外部公平更有效

一级激励机制确定蛋糕后，二级分配机制主要解决资源分配公平性、考核评价公正性、发展机会公开性，通过“三公”，消弭员工不满意因素，建立多劳多得、优劳优得的管理机制，让能干的人、想干的人、干得好的人获得更多资源和机会。

（一）资源投放在能够实现战略目标的领域上

战略目标落实在组织能力和人力资源管理实践中，主要包括三条主线，要把战略目标落实在关键职能和岗位上；专业力和管理力要体现战略目标实现所需的关键能力；战略目标要分解为组织目标和个人目标，所以薪酬也应该在这三个维度进行投放，构建起岗位—能力—业绩三位一体的薪酬管理体系，即“3P1M”薪酬管理模式。

3P 解决战略目标诉求，战略责任重则岗位薪酬水平高，组织能力贡献大则能力薪酬水平高，绩效表现好，则绩效兑现高。1M 解决外部对标吸引力诉求。在企业实操时，要区分开薪酬的不同关注点，岗位—能力—绩效和外部对标确定薪酬标准，组织绩效和个人绩效影响薪酬兑现，按周期开展例行薪酬调整机制。

在完善的薪酬内部分配体系中，岗级、薪级、职级、能级要一一呼应，确保管理导向和薪酬资源形成良性互动，同频共振。

（二）绩效兑现要分层分类，确保公平合理

薪酬标准确定后，根据绩效结果进行奖金兑现。兑现时，要区分不同类型和主体，分别对部门奖金包、管理者奖金包和个人奖金包逐次兑现。

管理者薪酬作为一级激励机制模块，与员工薪酬按比例确定在工资总额中所占部分，随工资总额包大小同进共退，“利出一孔”确保“力出一孔”。

无论是部门奖金包、管理者奖金包还是个人奖金包，要格外注意内部分配公平性，所以要做绩效结果和奖金基数的加权处理（见图 4）。

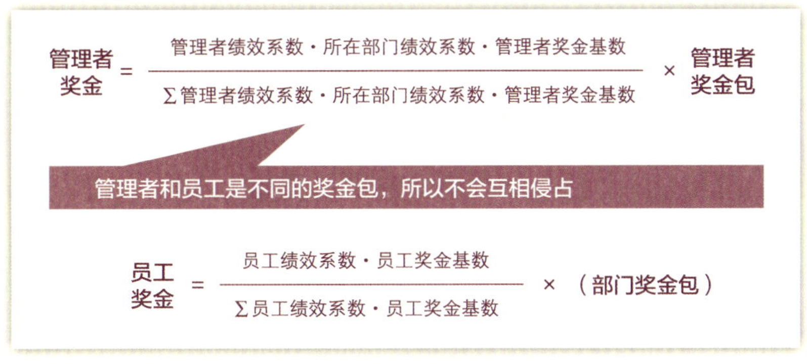

图 4　绩效结果和奖金基数的加权处理

由于管理者奖金包与员工奖金包同进共退，工资总额无法有效体现管理者超额业绩的贡献和价值，所以有条件的企业，要实行超额利润分享机制，单独将超额利润奖金包拆分，其中管理者比例要在 50% 左右，鼓励管理者带队实现业绩持续突破，如此，管理者多分钱，才会有更多干事创业的动力和激情。

（三）薪酬调整要有据可依，合理可控

薪酬调整分为定期调整和不定期调整两种方式，定期调整根据岗位变化、能力提升、绩效结果进行个别人员的局部调整，不定期调整则根据突出贡献、重大突发事件给予单独个例调整。

在资源有限的前提下做薪酬调整时，要向业绩优秀部门、绩效好的员工倾斜；要向偏离市场薪酬比较大的员工倾斜；要向关键岗位、市场稀缺岗位倾斜；要向能力强的员工倾斜。

（四）发展可以解决大多数薪酬中的矛盾和问题

年终奖作为薪酬调整的调节器和蓄水池，可以起到一定的调剂余缺价值，但真正要解决薪酬矛盾和问题还是做大增量，唯有持续不断的业绩突破，做大工资总额蛋糕，才能在发展中解决绝大多数员工个体薪酬方面的诉求，所以业绩突破，也是管理者的核心职责。

（五）善用中长期激励，捆绑利益共同体

超额利润分享、EVA 奖励、岗位分红、项目分红、股权激励、虚拟股权、项目跟投等，企业要善用各类中长期激励武器，实现资本与知本的长期捆绑，共创共赢。

非物质激励是每一位管理者的必修课

激励是每个管理者的必修课，金钱只能消除人才的不满意因素，真正的激励来自工作、来自日常、来自人与人之间的认可与欣赏。

（一）工作设计可以带来激励

工作要素被组织的方式会提高或降低员工的努力程度，任何工作都可以从下面五个核心工作维度来描述。

· 技能多样性：一份工作要求员工使用各种技能和才干来完成各种不同活动的程度；

· 任务完整性：一份工作要求完成一项完整的、可辨识的任务的程度（全能 / 螺丝钉）；

· 任务重要性：一份工作对他人的生活或工作的实际影响程度（消防员 / 清洁工）；

· 工作自主性：一份工作给任职者在安排工作内容、确定工作程序方面实际上提供了多大的自由度、独立性及自主权；

· 反馈：员工在完成任务的过程中，在多大程度上可以直接、明确地获得关于自己工作绩效的信息。

通过工作轮换、工作丰富化、工作安排选择方案、员工参与等方式，可以有效提高员工的工作投入度和积极性。

（二）非物质激励七种武器

管理者要从目标、关爱、文化、认可、游戏化、荣誉、发展等多个维度开展非物质激励措施，真正地让所有员工身心健康，焕发活力，有人才有未来。

· 目标激励：让工作成为员工最大的乐趣。当员工参与目标、接受并认可目标后，要建立“目标 — 激励”的反馈回路。目标实现时，给予正向激励，鼓励员工持续投入，目标未达成时，给予负向激励，刺激员工调整行为。当然，参与目标，认可目标，用自我控制代替压制性的管理，可以激发员工的责任感，实现目标的过程，会比目标更重要，比回报更重要，这就是目标激励的价值。

· 关爱激励：物质保障，精神关爱，让员工感受到社会属性，提升组织归属感。

· 文化激励：让员工找到工作价值和意义，靠文化的价值和力量，真正激发员工内心的使命感和责任感。让他们感受到为社会创造价值，为别人创造价值，而不是为老板创造价值。

· 认可激励：全面认可，奖勤不罚懒。在这样一个焦虑且急躁的社会氛围中，每个人都过分关注别人是否认可自己，忽略了是否认可别人。领导者要在企业中倡导这样一种氛围：“认可你的员工、奖励比奖品重要、找到一切可以表扬的点、贴标签、点赞、打赏、让员工受到关注”。

· 游戏激励：适度娱乐，缓压释能，游戏让人全神贯注，忘却时间，代入角色，讨厌被打扰，同时求胜心强。工作也是一种职业化游戏，领导者要善于将工作场景改变，通过明确的目标，即时的反馈，适度挑战和不可预测性，让工作任务化、任务行为化，行为积分化，积分游戏化，游戏激励化，激励日常化，让工作就像玩一样，还有钱拿。

· 荣誉激励：典型标杆，榜样力量，激发员工内心的英雄梦想，让他们在平凡的岗位上，创造不平凡的业绩。让那些优秀的员工，站在舞台的中央，站在聚光灯下，得到大家的尊重，得到组织的表彰，这就是荣誉激励的力量。让得奖者更加珍惜，让学习者奋发图强。

· 发展激励：事业认同，奖勤奖绩，对于骨干员工，给机会，给平台，给通道，赋能力，让他们成为企业骨干，实现人生价值。

构建基于人才能力的组织能力体系

■ 作者 | 高雅涵 华夏基石人力资源公司高级顾问

伴随着后疫情时代经济环境不确定性的增加，组织能力与人才成为企业的基本战略储备。实践中也有不少企业通过致力于构建组织人才能力体系，取得了巨大的商业成功，并实现了员工和企业的共同成长。

但是，随着大量平台型企业、敏捷工作的形式出现，用现有的人才能力构建方式很难开展进行下去，在一定程度上制约了组织能力管理的战略作用。

笔者在咨询实践中，针对目前主流的人才能力建设模式在实践中的难点，探索了一套新的能力管理技术，分享如下，与各位企业界人士交流探讨。

一、组织能力建设的两种基础模式的难点分析

目前，企业进行组织能力的建设主要有两种主流的基础模式，一是以任职资格管理体系为核心的匹配战略的能力管理模式，二是以素质能力体系为核心的匹配人才的能力管理模式。这两种模式各有其优势，也有其一直没能解决的难点。试分析如下。

（一）匹配战略的能力管理模式——任职资格体系

1. 技术难点

在以任职资格管理体系为企业组织能力建设的模式中，存在以下相应的技术难点。

在职业发展通道设计时，需要对职类职种进行划分，职类

划分往往基于企业的业务价值链，讨论点并不多，而在职种划分的时候会遇到诸多的难题，职种划分的依据是什么？职种如何进行定义？如何把现有的岗位套入职种当中去？等等。

职种的划分就是能力通道的细分，是对职类划分后的能力通道的进一步细化，较为严谨的职种划分需要企业搭建流程框架，并梳理出公司的每一条业务流程后进行流程能力的匹配，将匹配的能力归类形成一个个的能力集合，在能力集合的基础上进行职种通道的划分。

在某些复杂的业务中，如高科技生产制造中我们发现，这类企业往往对职种的划分是不够的，存在大量的专业特性的岗位，难以进行能力的归类开发与认证，此时我们需要在职种划分的基础上进行亚职种的划分，同时考虑专业特性，将可以分类的专业特性归并，形成职种通道下的亚职种，满足企业对通道的细分需求。

2. 实施难点

笔者在为企业做任职资格体系设计咨询实践中发现，任职资格标准开发中有许多难以完全解决的难点。比如，①一些具体的业务场景工作难以套入某一个通道里去，在两到三个通道之间模棱两可；②部分职种暂未实际涉及或还处于起步阶段，如何进行标准的开发；③任职资格开发的六大环节步骤中，梳理角色定义、工作业务模块、行为标准、能力标准、知识技能标准、经验成果标准的开发过程过于漫长，且各个职种之间难以保证同样的标尺；④能力标准需要通过行为进行认证，与行为标准的开发有部分重合等。

（二）匹配人才的能力管理模式——素质能力体系

在素质能力体系建模中，同样存在以下两个技术难点。

1. 对人才能力建模操作者有较高的要求

建模者一方面要考虑如何平衡当前任务与战略发展要求的关系，并能够通过行为 BEI 法（行为事件访谈法）深挖区分卓越绩效者与普遍绩效者的关键差异，对建模标本人员的表达能力也有较强的依赖。另一方面，在能力要项产出之后，如何刻画能力标准中的行为，并形成完整的行为闭环，也非常考验建模操作者的心理学功底。

2. 能力模型开发难度较高

能力模型开发有两种典型的呈现方式，基于 BARS（行为锚定等级评价法）等级式的能力模型与基于关键行为的构面式能力模型。这两类模型也各有优缺点，BRAS 等级式的模型乍一看更完善，我们似乎可以对照模型非常直观地评定一个人的能力水平，行为表现处于哪个等级就做出对应地等级评分，也非常容易量化。但实际情况并非如此，因为实际工作情景中的行为表现，不会刚好就是模型中描述的关键行为。但 BRAS 等级式的模型更能和任职资格体系，岗位职级体系，薪酬体系进行衔接。

基于关键行为构面式的能力模型是基于心理学的 7 个行为闭环，在对人员进行能力评价时候可以通过评分的方式来得出受评人员的能力，虽适用于评价与能力发展，但此类模型开发难度较高，且很难区分出专业性。

二、新能力管理技术探索

笔者结合两种基础能力管理模式的优缺点，开发了一套新的能力管理技术，现分享如下，与企业界各位交流探讨。

（一）能力管理技术框架

无论是任职资格体系还是能力素质模型，都需要对组织能力进行分层分类后再进行能力标准的开发。在能力标准开发时，客户往往对先前通道划分的颗粒度及准确度提出挑战与质疑，所以依据通道划分进行标准的开发存在技术缺陷。

由此，**笔者重新定义能力标准建立方法，重构组织能力建设的六大步骤**，不仅解决了任职资格开发中流程烦琐，通道精细程度难以界定的弊端，也部分解决了基于人才能力构建范式中专业性不足的缺点，构建以行为为核心的能力管理范式，以经验成果牵引能力，知识技能支撑能力，个性与环境驱动能力，形成动态的能力总成（见图 1）。

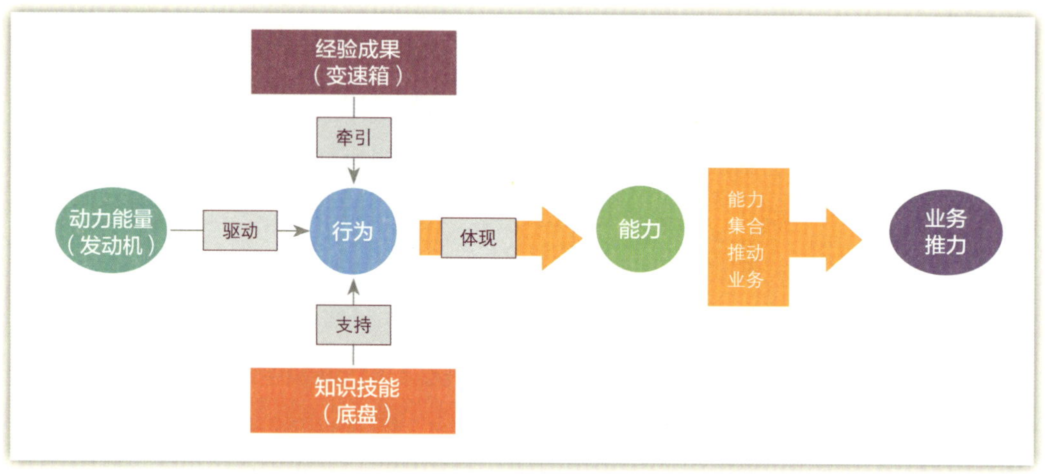

图 1　动态能力总成

动机能量：工作者在完成一项行为动作时，个性、环境、文化价值观综合形成的动力匹配，并通过行为来践行抱负。

经验成果：工作者在完成一项行为动作时，过往的经验成果本质上是一种能力的前置，以思路策略的形式展现在行动计划中，并牵引匹配动力进行平稳输出。

知识技能：工作者在完成一项行为动作时，拥有的知识技能储备本质是一种能力的支撑，是对知识技能的不断提升和积累提升行为的“质感”。

行为：各能力要素最终通过行为进行传导，是工作者能力与价值的体现。

从能力到业务推力：组织内不同的工作者不同的能力集合成组织能力，并通过团队搭配完成流程能力整合，形成支撑业务的推力。

（二）对不同类型的部门需要不同的能力构成

企业可按照前中后台对不同级别、不同业务线的人员工作能力中能力要素的权重进行区分，设立知识技能、经验成果、动力总成等方面的权重，以能力的牵引驱动支撑为调节手段，使组织能力具备多样性和层次性（见图 2）。

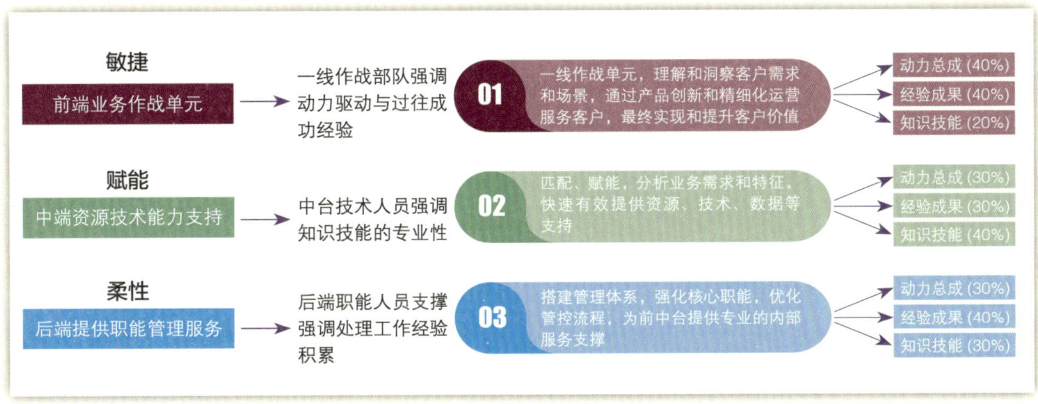

图 2　组织能力的多样性和层次性

前台业务作战单元需要理解和洞察客户需求和场景，通过产品创新和精细化运营服务客户，最终实现和提升客户价值强调动力驱动与过往成功经验。

中台技术人员分析业务需求和特征，快速有效提供资源、技术、数据等支持，强调知识技能的专业性，进行人岗匹配和赋能。

后台职能人员支撑搭建管理体系，强化核心职能，优化管控流程，为前中台提供专业的内部服务支撑，强调处理工作经验积累。

（三）如何进行能力开发

图 3 是笔者设计的能力开发流程模型。

1. 以战略方向定义核心结果领域并根据实际战略运营进行复盘纠偏。上承战略，定义核心业务领域，归类几大业务板块，描绘出对各业务领域的角色期待。

2. 以工作效能产出定义业务推手并根据组织效能产出进行复盘评估。完成具体业务模块产出所涵盖的业务内容和工作内

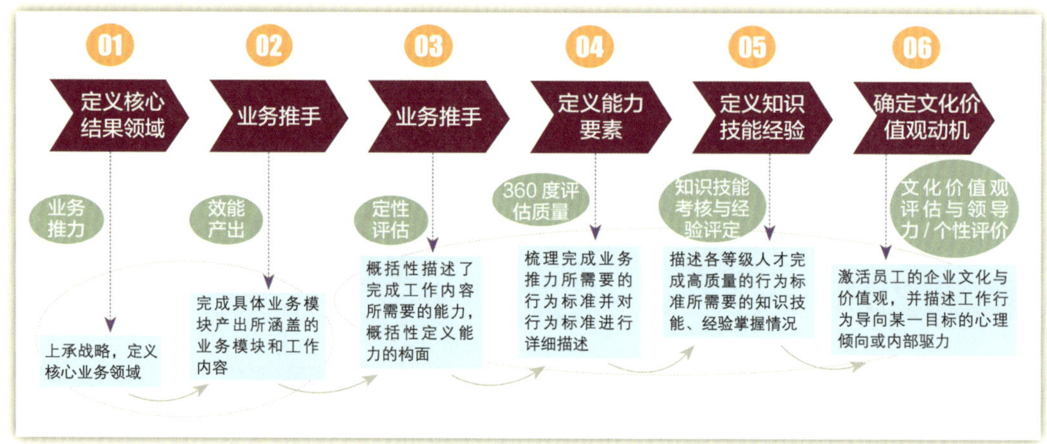

图 3　能力开发流程模型

容，梳理业务挑战，对能力进行初步的分层分类。

3. **以能力集合的方式定义业务推力。**概括性描述了完成工作内容所需要的能力，概括性定义能力的维度，对能力进行进一步的分层分类；描绘各级别角色差异；明确不同的业务推力、明确层级需要认证能力差异。

4. **定义能力要素并通过 360 度质量评价的方式进行评估。**梳理完成业务推力所需要的行为标准并对行为标准进行详细描述；“七步成诗”形成基于心理学 7 个步骤构面式的行为闭环。

5. **定义知识技能经验，后续可通过知识技能考核与经验成果的提交进行评定。**描述各等级人才完成高质量的行为标准所需要的知识技能、经验掌握情况，同时说明各专业等级人员应有的通用知识与专业知识、专业技能、通用技能的储备，作为被评价者的重要判定依据。

6. **确定文化价值观动机，通过文化价值观评估与领导力 / 个性进行评价。**激活员工的企业文化与价值观，并描述工作行为导向某一目标的心理倾向或内部驱力。包含：业务所需要的领导类型与各级领导力，业务组成人员的个性动机特征，业务组成人员的文化价值观，各类人员的组织能力地图，等等。

理解上述能力管理开发流程时，需要注意几个要点。

·完成工作产出所具备的能力在能力体系中的意义实际是对各该业务领域中流程能力的集合，并把所有完成业务动作的行为进行串联，是一种推动业务的能量，以业务推力的方式进行概括和总结。

·业务推手是为了达到核心业务领域结果产出所梳理的业务模块和流程。

·应该在业务推手和业务推力明确之后再精准划分能力通道，以避免在能力开发过程中，人才与工作难以套入的问题。

·工作结果是通过行为的产出，所以对能力的衡量与评价应该聚焦在行为上，而知识技能经验作为投入与行为共同产生绩效结果输出。

（四）能力如何管理运用

在能力体系构建完成之后，对人员进行评估，支撑满足团队及行业的能力诉求。在组织能力管理的过程中，业务总是动态变化的、复杂的；这一套能力管理技术强调敏捷的能力管理，突破组织岗位与人才能力的边界，从整个业务视角出发，伴随业务快速变化迅速调整组织能力结构与方向，关注人才能力搭配，实现组织能力的流动性与协调性。

建设平台化组织要把握“五个平衡”

■ 作者 | 杨智宇 华夏基石产业服务集团合伙人

“平台化组织”并不是一个热词，而是在数字化时代企业组织变革实践中的选择。管理学家包政老师曾说：如果一个企业发现到处都是问题，那么一定是组织出了问题。

当企业家发现，基于工业时代创造财富方式的科层制组织，已经无法支撑数字化时代的新战略，不能快速响应客户的新需求，也难以产生“良将如云”的人才状态，平台化组织成为一个解决上述问题的有效选择。

华夏基石大概在五六年前就提出未来的组织主流范式是平台化组织，通过在咨询实践中的探索，结合一些企业的平台化组织实践，我们总结出了平台化组织变革的方法论体系，即“451 结构”和“1234 组织变革体系”。关于这个结构体系我们已经有很多介绍文章了，笔者今天要分享的是在企业平台化组织变革实践中发现的问题，即进行平台化组织变革实践时，需要注意“五个平衡”：**规模与速度的平衡，需求侧与供给侧的平衡，内部与外部的平衡，机制与管理的平衡，单平台建设与大平台建设的平衡。**

一、平衡规模与速度

规模和速度是相对的，在平台化组织中，**应该在平台上建规模，在经营体上出速度**。企业家一定要认清这点。平台的规模如何建，经营体的速度如何提，需要我们深度思考和反复验证。

实际上平台化组织在平台建设上是一个较大的系统工程，也是一个循序渐进的过程，而经营体的建设是可以达到一个较快的节奏的，核心在选定 1 个带头人，找到 1 个扩张模式，服务 1 批精准客户。举一个案例，是笔者在为某高端装备制造企业提供平台化组织变革实践中，与企业一起探索的经验。

案例：某高端装备制造企业的国际化业务过去是零星的项目化运作，各项目之间各自为政，打法各异，管理团队引入模式不同，合作方式也不同，各方面无法形成协同性，沉淀出来的经验也无法统一。海外业务成形后，面临海外项目“尾大不掉”，总部海外扩张能力无从下手的两难局面。后来，**集团从“内建 1 个能力，外建 1 个标准，搭建 1 个平台，打造 1 个标杆”的“四个 1 工程”入手**，建立起面向未来的国际化平台和海外项目扩张的标杆。

平台对标杆形成品牌支撑，资金支持，人才输出和数据管理。海外项目在一个成熟样板的基础上，演化成为经营体单元，发展成为区域总部。通过事业合伙人机制，海外区域总部的核心管理人员和技术人员变成事业合伙人，整体对海外区域总部的战略目标和经营指标负责。合伙人的股权确权条件是战略指标和战略任务的完成。总部与区域形成了“平台 + 经营体”的典型平台化组织架构，同时又打造出来海外经营体的标杆，形成了一批海外扩张的核心人才，打造出来一个海外扩张的成熟模式，沉淀了一个管理体系方法论，该项目在白俄罗斯也成了国家重点支持项目。

回顾该平台打造的历程，实际上平台的形成是需要一个比较长的周期的，比如说数据能力的形成就需要沉淀多年的运营数据，资本能力的形成也要在资源、能力和人才上沉淀很多年，在没有“高举高打”的顶层逻辑下，甚至还要交很多“学费”。而经营体的打造则是相对较快的过程，一方面公司无法持续承受“空转”带来的大量成本消耗，会倒逼团队负责人和其队伍快速迭代出成功模式。另一方面，基于过去的沉淀经验和人才能力的可迁移性，还是很容易将其沉淀到经营体中快速找到突破口，形成经营业绩。

因此，在平台化组织中，平台要形成规模效应，整合上下游资源，以“举国机制”支持经营体快速扩张；业务以产品、客户、区域形成经营体的形态响应客户，经营体形成速度效应，快速扩张。

二、平衡需求侧与供给侧的矛盾

平台是在需求侧与供给侧之间建立起的“桥梁”性的赋能主体，因而平衡供给侧与需求侧的关系至关重要。要解决的是：企业有限的供给侧交付能力如何满足无限的需求侧用户的需求这个矛盾。

（一）做好三个识别

解决这个矛盾，**企业首先必须做好三个识别，第一个识别需求的规模，第二个识别自身能力，第三个识别满足需求的可能性。**

1. 识别需求的规模。从一线收集来客户需求后，需要判定这种需求是不是客户的共同需求？这种需求的规模能不能达到支撑一个商业模式的成立？企业不能被小部分用户的需求所触动而头脑发热、盲目下手。就像互联网创业的热潮中出现了无数的App，我们问这些创客有没有经过用户调研，绝大多数会告诉你“有”，但是有几个存活下来了呢？原因在于没有认真研判和识别这些需求是不是真需求，是不是普遍需求，只有少得可怜的一些用户调研和交流，由于“自我感觉良好”效应盲目投出去，动起来，结果可想而知。

平台是在需求侧与供给侧之间建立起的“桥梁”性的赋能主体，因而平衡供给侧与需求侧的关系至关重要。

需求的规模实际来源于对机会窗的识别，以及在此机会窗下对“赛道”有多宽的研判，赛道选准之后，在对大量的用户进行交互中，不断总结和迭代，方能够识别出真正的需求，以及需求的规模。

2. **识别自身能力**。盘点自身的能力和资源，包括外部能够协同的产业要素，规划基于这个需求规模如何用自身能力去匹配。如何整合资源，如何协同产业各方要素去满足前端客户的需求集合，在对应的需求集合下发展出不同的经营体。为了平台的共性和标准化，满足需求集合的经营体必须有关联性，按照大战略矩阵的逻辑，即是相关多元化，纵向一体化和同心多元化等。

3. **识别满足需求的可能性**。用户的需求参差不齐，有的用户需求标准高，有的用户需求标准很低；有的需求要求高附加值，有的要求稳定供应，而有的要求物美价廉。所以如何识别和满足，实现这个可能性是一个非常难的课题。笔者在辅导一家生猪全产业链经营企业的实践中就遇到了相关的问题。

案例：该生猪全产业链经营企业2021年在北方区域年出栏生猪100万头，自身配套100万头以上的屠宰产能，自繁自养全产业链经营所生产的肥猪自然受到市场的青睐。但是面临未来大面积的过剩产能，如何能够异军突起杀出重围，把屠宰分割好的高附加值猪肉卖出去，是个大难题。在大量的市场调研，标杆走访和用户交互中，我们得出了需求侧的六大方向：价格低廉，稳定供应，品质控制，品牌，金融赋能，植入性研发。

得出这六大方向之后就很容易找到需求的可能性了。在盘点过优质的渠道通路［商超，农贸，连锁餐饮，团餐，特通（军队，监狱，政府），电商，团餐等］后，基于对需求的六个方向进行组合匹配，盘点可生产和可调度的产能资源，制定相应的供给策略。如特通渠道核心在于稳定供应和品质控制，对价格因素并不敏感；如农贸渠道对价格低廉和稳定供应比较看重，对品牌和植入研发并不看重；如团餐对稳定供应，植入研发和金融赋能看重，对品牌并不在乎。基于此，采取对需求满足的多样性策略就有的放矢了。

（二）思考产品由谁设计

要考虑的是满足客户需求的方式，产品来源于“顶层”的设计，还是来源于客户。很多企业嘴上喊着客户导向、需求导向、市场导向，但一落到行动，往往是企业顶层领导来设计产品，至于设计什么产品，则是根据企业有什么资源。换句话说，我手里有个锤子就会把什么东西都想象成钉子。

还有一种情况是，无法识别最终客户是谁。有了客户导向思维，但是客户认知错误。笔者曾在辅导一家肉食品企业的课程现场，同该企业的食品研究院院长交流，我提问说：产品的设计来源于哪里？对方的回答是：渠道。因为他们的肉品是通过商超、连锁餐饮等渠道销出去，所以毫不犹豫地回答是渠道。实际上这样的企业不在少数。

因此，华为提出了“让一线听得见炮火的人来指挥炮火”的理念，阿里巴巴和腾讯的快速迭代和业务升级都来源于一线经营体的倒逼机制。

（三）内部资源激活与外部资源链接的整合方案

要考虑如何通过机制激活内部资源、链接外部资源，并且组合成解决方案来满足用户的细分需求。对于内部资源来说，过去的科层制组织调动资源的逻辑是上级发话、流程驱动或者考核要求。而现在，要响应新需求或者基于新用户的研发创新，需要打破过去的资源调动方式。

如某智能家居企业在调查用户需求后，想要开发一款声控灯，打算同一家评级不高的OEM企业合作，结果是采购部门、质量部门、售后服务部门集体不配合，因为与这家OEM企业合作会影响他们的KPI。因此，要调动内部资源与外部资源链接，就必须通过机制来激励和约束相关资源部门。

比如，将“资源方”形成一个个赋能平台，将前端响应客户的主体形成一个个独立经营体。给经营体足够强势的权利。经营体具备考核权、分配权，资源赋能单元要积极响应，否则独立核算中没有奖励来源，同时还会被经营主体投诉和考核。**这样就能形成平台赋能一线，一线经营体依据客户的需求来调度资源形成解决方案并快速响应客户，让听得见炮火声音的人来指挥炮火**。当然要有既定的标准和审计要求来保障组织的健康度，这是体系化完善必须配套的环节。

经营体具备考核权、分配权，资源赋能单元要积极响应，否则独立核算中没有奖励来源，同时还会被经营主体投诉和考核。

对于外部产业链资源，一方面是做大需求侧，形成集采效应，让外部资源侧自动让利和我们形成协同。另一方面，与产业外部资源形成产业合伙人模式，让资本证券化能够反哺产业合作方。再有，具备建设平台化组织能力的企业一定是细分领域的冠军、行业头部企业或者世界级企业，能够在金融赋能、专业技术赋能、人才赋能方面对资源方形成支援，资源方有足够强的动力和企业形成产业协同。关于连接外部产业资源环节的产业合伙人逻辑，大家可多参考相关专家的论述，此处不过多展开。

三、平衡企业内部与企业外部的协同并进

组织平台化是战略生态化的支撑基础，“生态”并非基于自身业务循环的运营，而是打通业务循环、资本循环和产业循环的生态化运作，因此**平台化组织既要搭建在组织内部，又要与产业合作者组建成外部或联合的组织平台**。平台上的前端经营体包括内部孵化的业务，外部联合的业务以及外部协同的业务，生态化的平台要对生态化的经营体形成有效的支撑和协同。

在企业内部要建立起自身的长板能力。如，在用户数据的长板，核心技术的长板，供应链长板，高效交付能力的长板，

渠道能力的长板，资本运营的长板等，这些长板既是企业安身立命的根本能力，在构建平台化组织过程中又能够将长板能力平台化，进而赋能到前端的经营体高效运营，也能够赋能到产业合伙者，使双方达成高效率协同。并且，在此基础上，企业还能够发育出更多的长板能力，与产业生态伙伴形成交易和协同，达到我们经常提的产业生态合伙人“1+1+1=111”的效应。

在企业外部要形成以自身开放性生态规划的产业生态圈。而生态布局者要从经营企业升级到去中心化、利他主义、长板效应的开放式产业生态经营思维，在构建或参与产业生态中寻找到自己的新繁荣之道。

具体来说，要具备以下五个经营要素。

一是开放，生态一定是开放式系统，产业生态导向要求企业从封闭式系统走向开放式系统，从封闭式产业链到开放式产业链。

二是打破边界，跨界融合，从组织模式到经营模式都要跨界，不是过去单一的业务聚焦。从产业生态来讲，未来的企业就是两类：要么是产业生态的组织者，要么被产业组织者生态化，成为参与者。

三是利他，生态一定要利他取势，与产业合作伙伴共生、共赢。不能利益独享、资源垄断。利他是价值基点，共创、共赢是目的。

四是协同，因为整个社会是一个开放的协同体系，企业的战略定位就是你在整个社会化协同体系当中的定位。也就是说，你必须自觉地把自己看成生态体系中的一个点，依据与其他的点的协同，连成生态链、生态圈，继而在一个巨大的面（生态网络）上获取比传统模式下大得多的商机（注：此处借用阿里高管曾鸣的理论）。

五是平台 + 分布式，未来的组织一定是以用户为中心的平台 + 分布式的赋能型平台组织。企业要么构建一个平台，要么加入一个平台。

四、平衡机制与管理

“机制”是用来激发人才和要素资源动能的体系设计逻辑，比较注重激发人才和要素合作者的自身动力和意愿，相对来说设置的比较“粗放”且针对性很强。而“管理”注重的更多是规范化、体系化，指向整个组织、团队、个人动作的标准化，目的在于打造高效能的组织力。

如何平衡机制和管理之间的关系？很简单，在“机会红利期”没有消退之前，在还有大多数高成长业务的机会窗时期，要多用“机制”少用“管理”；而在“机会红利期”消退之后，整个行业乃至整个社会都在拼低成本竞争力的时候，多用“管理”少用“机制”。

平台化组织的大平台要建立起四大机制，分别是：投资与孵化机制，市场付薪机制，并联协同机制和赛马机制。四个机制是环环相扣的。

（一）投资与孵化机制

平台 + 分布式经营体，要形成投资与孵化的管理机制，而不是传统的发号施令的管控机制，总部平台形成孵化基地和赋能中心，通过平台为前端经营体赋能，前端经营体组织形成一个个的合伙人队伍，合伙人共担，共创，共享。因为有大平台的品牌基础和数据，以及资本、技术和人才沉淀，合伙人出资共担共创的成功概率要比出去自主创业成功概率高得多。同时，平台给予经营体足够的自由空间，甚至从一开始规划就奔着上市去，双方约定由经营体来逐渐回购集团的股权，直至达到分子公司持股的合理结构和上市条件要求为止（集团持股 10%，子公司持股 90%，达到经营数据条件，独立 IPO 上市）。

（二）市场付薪机制

如果能够形成投资和孵化的机制，就很容易达到市场付薪这一步了。实现“市场付薪”，要从以下几个方面入手。

(1) 从经营者入手，业务发展的初期阶段，找到能够扛责任，能够打胜仗的经营者，让经营者完成市场付薪。

(2) 从调整薪酬结构开始，固薪 + 浮动的薪酬结构，将固薪比例缩小，浮动比例加大，总额也加大，这样先让团队尝到市场付薪、用户付薪的好处。

(3) 在没有直接市场利润的前提下，要看到一定时期内的变现可能性，同时划定重大里程碑节点，为重大里程碑节点付薪，这也是为市场付薪。如笔者在为一家创新药研发企业做顾问的过程中就涉及这个环节。因为创新药的研发周期比较长，一般要 8~20 年的周期，如果完全等到市场变现，等待的时期就会太久，一些核心人才就没有足够的愿景驱动，可能会流失掉。所以我们在设计“市场付薪”的激励结构时设置了短、中、长期不同的激励模式。短期奖金，中期项目虚拟股权，长期一级事业合伙人。

“事业合伙人机制就是一种能够常态化的、并联的、导向客户价值的有效机制。”

（三）并联协同机制

这里的并联和串联是相对的，我们说串联的结构是这样的，从销售单元接到客户的需求信息开始，需求信息传递给研发单元，研发单元了解并响应需求，设计出样品到生产单元，生产单元交付订单经物流发货到客户手中。这是一个简单的串联型交易结构，理论上应该这样运转下来。但实际上这个运转困扰了大多数企业，原因在于“压力”无法传导至每一环节的员工。所以无法完成每一环节都对客户负责任。于是，有了各种的变革，“流程再造”“阿米巴经营”“项目制管理”，都在探索各个“堵点”打通的思路。

然而为什么还存在一个个“堵点”呢，核心原因在于：一是没有界定清楚上下游各自的客户是谁；二是界定清楚客户的，却没法衡量为客户创造的价值如何分配；三是各环节能够协同一致，但创造价值的衡量没有依据。

“流程再造”“阿米巴经营”“项目制管理”，这些工具、方法本身没有错，错在应用工具的指向性，以及工具之间如何组合，即设置什么样的核心机制。

所谓的并联机制，是要让机制的参与方都要集体指向客户，认可客户价值才是最终的价值指向，如华为的 IPD，在获得用户端的需求后，会形成以研发为中心的 PDT（集成产品研发团队），采购、生产、销售等智能模块也会进入 PDT，共同交付订单，并共享收益价值。

另外，并联机制要能够常态化。事业合伙人机制就是一种能够常态化的、并联的、导向客户价值的有效机制。在事业合伙人机制中，事业理论导向客户价值，协同机制共担共创，分配机制共享增量价值收益，文化上则是“抱团打天下”“胜则举杯相庆，败则拼死相救”，是真正的并联协同，导向客户的核心机制。

（四）赛马机制

赛马机制是永葆组织活力，避免“搭车人”行为的有力保障，让组织不断有新鲜血液进入循环的机制。

一方面，机制在设立之初，选定的人才有一些是没有经过市场检验的；经过市场检验之后，没法淘汰，也没有“说法”，那么就很尴尬了（大多数上市企业的股权激励，没有动态机制和个人贡献衡量机制，普遍存在“搭车人”现象）。

另一方面，在经营体发展初期，选定的人才是能够跟上市场和团队发展速度的，但推进一段时间后，有人的意志和进步的速度已经跟不上了。对于整个组织来说，就要有一个动态的机制来形成优化，保障组织在快速发展中优胜劣汰，同时新晋人才能够源源不断涌现。因此，赛马机制是一个与投资孵化、市场付薪和并联协同导向服务客户必然配套的机制，才能够形成一个完整的闭环。

案例：笔者在服务某品牌连锁酒店的过程中，该酒店在原来中档轻奢型酒店得到市场一致好评后，迅速在全国扩张，又推出了好睡眠酒店、时尚互联网酒店和亲子家庭酒店等一系列子品牌，在一系列子品牌均选定了事业合伙人队伍，同时匹配了赛马机制，约定达成战略目标者可以进行队伍和区域的扩张，甚至未来给予独立上市的机会。未达成战略任务者或重新整顿，或被其他优质品牌兼并。一年时间即打造出了队伍，也跑通了模式，迭代出了一套完善的机制。

五、平衡单平台建设与大平台建设

从企业现实的资源和能力出发，平台化组织建设的大平台能力形成不是一蹴而就的。必须从单平台能力开始建设，逐渐形成多平台能力的高效协同。无论是单平台还是整体大平台，均能对前端生态经营体形成赋能。**很多平台型组织建设的案例也都是一边建立平台能力，一边将平台化组织的机制和规则打牢在组织运行机制中去的。**

如小米公司，众所周知，雷军在创业的时候在IT圈和资本圈已经小有名气，当时最长的一块板是资本，在资本的加持下，雷军凭着一个手机梦，在初期团队组建上就足足花了一年半的时间。人才队伍到位之后，开始不断布局，逐渐建立起了产品能力、用户能力、数据能力、供应链体系能力……从粉丝生态圈进一步衍生到大数据生态，再到供应商生态，最终形成小米的大平台型组织和产业生态链体系。从2010年创业，小米用10年时间做到了近2500亿元的规模，挺进了世界500强，除了依靠业界“牛人”组成的团队，更重要的是它的生态战略思维和平台型组织管理。

小米从资本长板起步，逐步构建了一个大产业生态，从产品设计到用户链接，从产品研发到供应链管理，从品牌营销到渠道建设，再到资本运作，形成了全方位为产业生态企业提供服务、进行赋能的一套产业生态体系。参与到小米生态链的有几百家企业，小米对这些企业持股不超过 20%，有的只有 8%，甚至 5%，也就是说在产权上这家企业可以“不为我所有，但是你在我的平台上运行就是我平台上的产业生态经营体”。对于小米的生态企业来说，要么以自己能力去构建生态，要么参与到小米生态，因为在参与小米生态过程中，生态经营体借助小米的用户大数据、产品设计、渠道、供应链等才能得到迅速的发展，因此形成了生态的共生、共赢发展。

结语：

在建立平台化组织过程中，要平衡规模与速度，平衡供应侧与需求侧，平衡内部与外部，平衡机制与管理，平衡单平台与大平台建设。通过建立平台组织，用投资孵化、市场付薪、并联交付、赛马机制建立起经营体高效运行的逻辑机制，搭建内外部产业生态共同赋能的平台型组织。将有限的资金、技术、人才进行有效整合，使其在内外部与生态要素产生合力，最大限度地满足企业当前和未来的发展，让组织更具效率，让组织的运行能力变得更加系统、高效和敏捷，以实现更大的事业追求和社会价值。

项目考核做不好，项目就难做好

■ 作者 | 韦淑蓉　苏雪梦　南瑞集团

2014 年 5 月《华为人》头版头条刊登了时任华为轮值 CEO 郭平的一篇讲话《以项目为中心，促进公司长期有效增长》，其中提到了华为公司的运作要从“以功能为中心向以项目为中心转变”。

随着信息技术的快速发展和深度应用，知识和信息快速传递、实时更新，多种类、大范围、无边界的资源利用成为常态，新的商品生产和消费模式层出不穷，需要企业建立灵活、高效的项目团队，以适应用户的多元化、个性化需求。

一、项目管理的“柔性”优势与考核难题

项目，是组织在既定的资源和要求约束下，为创造独特的产品、服务或成果而进行的临时性工作。项目是一系列复杂的、特定的，但又相互关联的活动集合，它们有一个共同的、明确的目标，但又受制于一些特定因素，如时间限制、资金预算、人力资源及其他因素等。

项目的应用范围极其广泛，比如研究新产品或新服务；实施结构、人员配置或机构作风的变革；设计新的电话机；建造大楼或设施；贯彻政府机关的行动；执行新的业务程序或过程等，都是项目方式的具体应用。

项目管理概念最早在美国产生，是 20 世纪 50 年代末期发展起来的一种计划管理方法。1957 年，美国杜邦公司用这种方法进行设备维修，使维修停工时间由原来的 125 小时锐减为 78

小时；1958 年，美国人运用项目管理技术，一举使北极星导弹设计周期缩短整整两年。20 世纪 60 年代以来，项目管理在航空、航天、医学、化工、制造、财务、广告、法律等领域得到了广泛的应用，并且范围还在不断地拓展。

20 世纪 50 年代，华罗庚教授将项目管理技术引进中国，曾经被称为统筹法或优选法，项目管理即运用计划、组织、控制、评估等一系列管理措施，使用及调配有限的资源要素，在特定的时间、预算及资源范围内，实现项目目标。《财富》杂志曾断言，21 世纪，项目管理将成为未来的主流管理模式。

项目管理一般涉及九大领域，即项目时间管理、成本管理、采购管理、质量管理、人力资源管理、风险管理、沟通管理、范围管理和项目集成管理。

在南瑞集团的项目管理实践中，我们发现项目具备如下管理优势。

（1）战略目标的有效达成：项目是以目标为导向的，同时其目标也是组织总体战略目标的有效分解，所以项目也是承接组织战略目标的有效工具。

（2）组织资源优化配置：项目之间资源可以实现共享，有利于打破部门专业壁垒，而多项目管理的公司，如碧桂园，搭建了专属的信息平台，将所有项目信息纳入统一管理系统，打破地域、职能部门、专业限制，有效提高企业的反应速度。

（3）提升组织管理效能，项目制管理能有效将上下层系统、横向职能部门拉通，确保不同层面上管理沟通的改善，大大提高工作效率，也有利于落实对项目负责人的管控与考核。

当然，项目管理也存在一定的不足，比如由于共享资源的有限性和项目需求的无限性，导致内部资源的争夺，或者过分重视项目制运行而忽视了核心职能模块的专业能力提升，如产品研发、工程质量、员工职业生涯发展、客户满意度、企业社会责任感等。最后，由于企业内部的权责体系不清晰，在项目化运作的过程中，极易造成推诿与扯皮现象发生，如何有效地分辨项目及专业部门的工作界面成为极大的管理挑战。

二、紧密结合项目特点的三种项目考核方式

为了做好项目考核，给大家介绍几种不同的项目考核思路。

（一）基于里程碑节点的项目考核评价方式

工作计划是项目关键节点的有效体现，项目工作计划主要包括标志性的成果和任务、详尽的成果 / 任务描述、各项成果 / 任务的责任人、项目任务开始和终结日期，以及项目任务的优先排序。

里程碑节点能够有效分解项目整体进程，里程碑是有日期标志的重要事件，显示的是对于项目有轻度介入的人可以一目了然的进展（如开一个新厂房，系统上线，产品出台等）。里程碑与项目评估不同，项目评估是由时间驱动，里程碑由结果驱动。

里程碑可用较客观的方法，跟踪实际项目相对于计划进展的情况，里程碑将对项目细分成较小、更易于管理的板块，里程碑驱动项目团队组织和计划流程，里程碑的所有者会觉得其职责明确，从而更加有效地实现项目目标。

项目里程碑的数量和时间安排取决于具体项目，一般里程碑的间隔在 1~3 个月。

案例：

以碧桂园的项目开发为例，向大家介绍基于里程碑或节点开展项目考核如何进行。

1. 搭建项目计划体系

项目计划体系包括项目主项计划和项目专项计划。其中项目主项计划包括 281 个节点，分别为 7 个项目里程碑计划节点、24 个项目一级计划节点、100 个项目二级计划阶段和 150 个项目三级计划节点（见表 1）。

表 1　　　　　　　　　　项目主要计划

7 个里程碑节点：	
节点名称	完成时间要求
规划设计方案确定	摘牌前 25 天
土地获取	—
开工（示范区）	示范区：摘牌次日
示范区开放	—
开售	—
竣工验收及备案	交楼联合验收前 5 天
交楼联合验收	—
24 个一级节点：	
节点名称	完成时间要求
桩基础施工单位确定	摘牌前 5 天
总包单位确定	摘牌当天
收地（示范区货量区）	示范区：摘牌当天 货量区：摘牌后 25 天
启动会	摘牌后 7 天
项目经营目标管理责任书签定	摘牌后 14 天
……	……

2. 考核对象与内容

针对项目实行精准考核，对象包括区域、项目、职能部门、子公司，考核内容全方位覆盖，包括定案版中的各级节点、审定版主项计划节点和重点工作项。不同的节点，对应不同的分值，统一纳入考核范畴。

而里程碑节点计划调整后，也需要调整相应的折减系数，纳入考核计算中。考核方式包括统一计分考核、特殊节点考核以及项目归零考核。项目计划完成率同项目季度奖挂钩，各区域的计划完成率进行集团内排名，做考核处理。

（二）基于客户满意的项目考核评价方式

在产品和知识体系为主要输出物的项目中，可以采取目标、里程碑、财务等方式进行考核评价。而针对服务类型项目，笔者建议采取以客户满意为主的项目考核评价方式，通过客户价值的实现，来获取以项目本身的价值。

当然针对客户不单单是针对外部客户，同时要针对内部客户，要从相关利益者的角度思考，究竟谁是客户，客户有什么样的需求？项目应该如何让客户满足。

案例：安居计划——基于内部客户满意项目实践

2012年，腾讯一个特殊群体的流失率引起了HR的特别关注，毕业进公司满3年的毕业生们。其流失率，达到普通员工流失率的3倍。

众所周知，优秀毕业生一直是腾讯人才的重要来源，其享受的优越待遇及培养资源也一直为业内称道。而这些腾讯花了大力气，培养了3年，刚刚培养成可以独当一面的骨干，他们现在却要离开？为什么？

表面上看来，排前三位的理由：继续深造，职业发展和家庭因素。事实确实如此吗？以用户需求为导向的腾讯HR没有放弃追问。他们针对核心毕业生做了深入的电话访谈，收集第一手信息，答案居然是：丈母娘。

原来2012年前后深圳房价快速攀升，加薪幅度高如腾讯，也远远追不上房价涨幅。毕业三年＝适婚年龄，曾经优秀的毕业生们，灰心于高企的房价，选择了逃离北上广深，回到二线城市或家乡置业，满足丈母娘结婚必须有房子的要求。

HR和CFO立刻行动起来，进行头脑风暴，发现三个关键点：

（1）基于投资回报和公司薪资增长，这些孩子将来一定可以买得起房，腾讯需要做的，只是提前这个周期；

（2）如果买房找银行贷款，以毕业生的情况贷不了很多钱；

（3）腾讯账上有很多现金，本金和利息成本是腾讯在人才保留上可以承受也愿意投入的。基于这样的分析，腾讯HR推出了著名的“安居计划”项目：公司拿出一笔基金，免息提供给符合条件的员工，帮助员工提早买房。

该举措的效果特别显著，实施几年之后再看数据，在人才竞争非常激烈的外部环境下，参与“安居计划”项目的员工流失率不到1%。既对保留人才起到重要作用，也为员工带来实实在在的价值，在员工人生中的关键时刻扶了一把。

（三）基于商业实现的项目考核评价方式

随着新组织理论的不断延伸，越来越多的创新公司开始崇尚扁平化管理，而韩都衣舍的“小组制”管理模式让管理更加扁平化、快速化和自主化。

从创业至今，韩都衣舍保持快速扩张，并且一直都在赚钱，其核心就是产品小组制——基于产品小组制的单品全程运营体系（IOSSP），在这套运营管理模式上，通过划小业务单元，实现“责权利”的相对统一，将传统的直线职能制打散、重组，即从设计师部、商品页面团队及对接生产、管理订单的部门中，各抽出1个人，3人组成1个小组，每个小组对一款衣服的设计、营销、售后承担责任，相应地，小组提成也会根据毛利率、资金周转率计算。

韩都衣舍的“小组制”，通过项目小组的形式，实现了全员参与经营，同时将核算细化到每个员工头上，而在高度透明的经营环境和信息下，也鼓励小组之间互相聚合。而成百上千个小组，不仅拓宽了韩都衣舍的产品线，同时也为企业培养了众多优秀的人才。

最后，我们对上述三种项目考核方式的特点做一下对比分析（见表2）。

表2　三种项目考核方式的特点

	管理复杂度	管理有效性	目标传导性	目标实现性	员工激励性
基于节点	填写表格略多，需要IT配合，管理成本高	有效把握项目进程，但项目目标有效与否不可控	过程把控，目标分解为节点和里程碑	有效实现项目目标	负向激励为主
基于客户	管理成本较低	有效实现项目目标背后的目标	目标传导机制略长，容易走偏	适合特定项目目标	正向激励为主
基于商业实现	管理成本较低，试错成本较高	有效激发，高效协同，但受平台和员工因素影响	目标清晰明确可持续	有效实现项目目标	正向激励为主

阅读

CHINA STONE

要管理好企业，首先得回答德鲁克的三个经典问题：我们的事业是什么？我们的事业将是什么？我们的事业究竟应该是什么？

——那国毅

基业长青的秘诀

■ 作者 | 杨四伟　华夏基石企业文化和组织变革资深顾问

尽管每个企业生来就要追求生存和发展，但现实往往事与愿违。事实上，企业在实际的经营管理中，每个阶段都会面临各种大大小小的问题与危机，任何一个危机没应对好，企业就会倒闭，仅创业一个阶段就刷掉了一大批企业，能够跨越机会成长、系统成长，谋求长远发展的企业基本都是行业的佼佼者了，**而真正能够穿越整个成长周期称得上“基业长青”的企业可以说是凤毛麟角。**

问题的原因是什么？美国的组织变革专家爱迪斯在研究了大量企业“生老病死”的原因后提出一个核心观点：**造成公司衰老退化的根本原因不是外在的变化和问题，而是企业内部创业精神的衰减。**所谓创业精神，其核心是梦想、奋斗和创造，随着创业精神的衰减，公司越发与环境脱节，跟不上环境变化的速度，企业的问题得不到解决，长期积累就会快速走向衰退甚至灭亡（见图 1）。

既然是永恒的追求，必然引起企业界和管理界的众多关注，因此，关于基业长青的研究成果也是相对丰富的，笔者认为应重点学习和研究的有三种经典论述。

一、《基业长青》：高瞻远瞩公司的九大特征

《基业长青》的作者之一吉姆·柯林斯在研究基业长青的

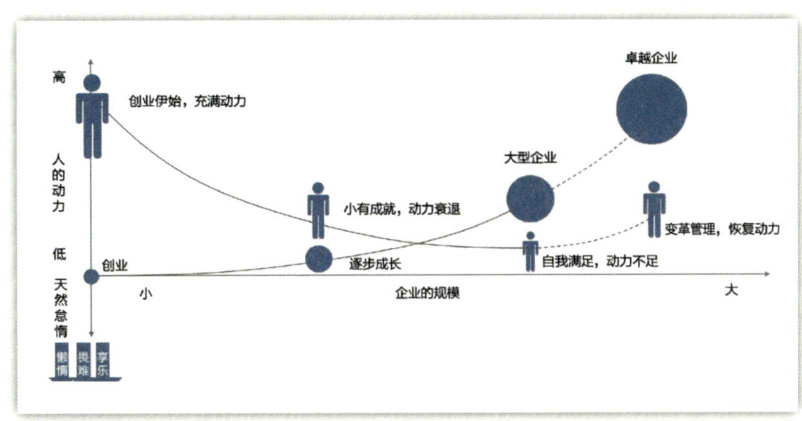

图 1　人们天然的惰性造成企业动力不断衰减

规律时总结了九大观点。

第一，造钟而非报时。企业的领导者主要致力于建立公司的规范、制度和机制，建立一个自驱的组织，而不是将个人塑造成企业的中心。

第二，利润之上的追求。对高瞻远瞩的公司来说利润是生存的必要条件，但不是目的，他们之所以能够奋勇前进，根本因素在于指引、激励公司上下的核心理念，即核心价值观和超越利润的归属感。

第三，保存核心，刺激进步。高瞻远瞩的公司要有核心理念，但仅靠核心理念不能成为高瞻远瞩的公司，还要有追求进步的驱动力，这种驱动力是一种内在的探索、创造、发现、希望、成功、改变和改善的冲动。

第四，胆大包天的目标。他认为，胆大包天的目标可以促使大家团结——这种目标光芒四射、动人心弦，是有形而高度集中的东西，能够激发所有人的力量，只需略加解释，或者根本不需要解释，大家立刻就能了解。

第五，教派般的文化。高瞻远瞩的公司有四个教派特点：热烈拥护的理念；强有力地向员工灌输核心理念；严密按照理念做事；强烈的精英主义。

第六，择强汰弱的进化。“适应性良好的物种并非起源于上天特别赋予、创造的本能，而是因为一种普遍法则的多次小影响，造成所有生物的进化，让最强者生存、最弱者死亡”这是达尔文进化论的核心观点，柯林斯认为，它同样适用于企业，那些高瞻远瞩的公司，之所以能做出若干最好的决策，不是起因于详细的战略规划，而是依靠实验、反复尝试。

第七，自家成长的经理人。最高管理层在大多数情况下对一家公司会有重大影响，高瞻远瞩的公司拥有更好的管理发展和继承人规划，他们从公司内部人才中培养、提升和慎重选择管理人才的程度远远超过普通公司，他们把这件事当作保存核心的关键步骤。

第八，永远不够好。高瞻远瞩公司的关键问题不是“我们做得有多好”，而是“我们明天怎样做得比今天更好”，他们把这个问题看作生活方式，变成思想和行动的习惯。

第九，起点的终点。高瞻远瞩公司的根本在于转化核心理念和独特的追求进步的精神，使之融入组织结构的所有层面，化为目标、战略、战术、政策、程序、文化习性、管理行为、建设蓝图、制度设计和职务设计，一句话，化成公司的一切行为。

最后，柯林斯把落脚点放到了如何构建企业愿景（笔者理解这里的愿景实际是企业理念体系）上，并且他用中国阴阳八卦的逻辑说明这个愿景的框架应该包含两个方面：核心理念和未来前景．其中核心理念又包含核心价值观与核心使命，他们对应“保存核心”，未来前景包含“10~30”年的胆大包天的目标和对公司完成目标后的生动描述，他们对应“刺激进步”。柯林斯说，这是《基业长青》最关键的研究结果：**最持久、最成功的公司的基本特质是他们保存一种核心理念，同时刺激进步，积极改变核心理念以外的任何东西。**

事实上，《基业长青》的前十章，把一个企业向前发展需要具备的理念和特质基本都说全了，第十一章算是一个总结，梳理一下其中的逻辑，我们可以这样理解：一个公司要想基业长青，既要有正确的理念，又要以内在的驱动力追求进步，而其中正确的理念又包含着“造钟而非报时、利润之上的追求、择强汰弱”等前十章提到的几个核心观点，简单来说，就是“在正确理念和理想目标的牵引下持续奋进”。但可惜的是，柯林斯只是简单介绍了共识核心理念的方法，却没有说明如何打造追求进步的驱动力。

二、爱迪斯企业生命周期理论：组织变革成长

伊查克·爱迪斯是美国著名的组织行为学专家，其著作中文版有《企业生命周期》和《把握变革》。他在研究了大量企业兴衰的原因后认为：对企业来说，问题是不可避免的，关键是看你如何解决问题。企业和人一样是有生命周期的，但无论哪个企业在什么阶段都离不开四种管理功能：目标管理（Purposeful）、行政管理（Administrative）、创业精神（Entrepreneurial）、整合（Integrative），如果某个公司陷入僵局，无法建立起某项特定的管理功能，机会产生异常问题，甚至会因为某一功能的缺失而面临生存问题。

但他又提出，因为企业生命周期的各阶段可以预见且不断重复，所以了解了公司所处的生命周期阶段及其特点，就能采取预防措施来缓解预料中的问题或者完全避免问题出现，而预防或解决问题的方式就是变革、整合，如果企业能以有计划且可控的方式不断变革，并在变革过程中保持整合，公司就永远不会消亡。

衰老并不是不可避免的，它是可以被扭转的，也是应该被扭转的。这一切都取决于公司在发起变革、经历变革的过程中整合并保持整合的能力。

三、《企业成长导航》：成长是企业与环境的互动，是持续不断的变革与创新

国内著名的管理学家施炜老师、苗兆光老师及华夏基石研究团队，在《企业成长导航》中研究华为、美的等中国企业成长规律后提出：企业成长是企业从小到大、从弱到强的过程。如果把企业看作生命体，成长是企业与环境的互动，是持续不断的选择，是机能变化、适者生存的演进。影响企业成长的因素主要有三个，书中将其概括为“一心开二门”。“一心”即心之所愿，是企业成长的使命和愿景。缺了这“一心”，企业成长就失去了动力之源、牵引之力。“二门”的第一扇“门”是战略，即企业成长的方向、逻辑和路径；而另一扇“门”则是组织，即战略目标的责任主体和实现目标的支持力量。战略和组织两个因素合起来，回答了企业如何成长的问题。

《企业成长导航》把企业成长分为“创业—机会成长—系统成长—分蘖成长—重构成长”五个阶段，每个阶段都有一定的战略主题、组织特点、管理要点和主要风险，企业成长是从较低级发展形态向较高级发展形态的演进，而实现演进的主要方式就是管理变革。他认为，人的生命是不可逆的，但是企业生命是可逆的——变革和创新可以使企业重生。

笔者试着把以上三种观点（或三本著作）做了一下对比（见表 1）。

万法同宗，任何事物都有至为简单的逻辑或原理。把上述三种经典观点梳理对比后可以发现，尽管前面有很多不同特点、维度的分析和论述，但最后的建议都归结到了非常简单而又核心的几个点上，而且三种的核心观点又有诸多相通、相同之处。

第一，他们的解决方案都强调一个“变”，不管是择强汰弱的进化、变革整合还是管理变革都在告诫我们，企业要想永续经营就不能满足于现状，必须变，而这种变是向更高一级的变，是进步，是升级，是更好、更强大。

表 1

《基业长青》		《企业生命周期》		《企业成长导航》	
高瞻远瞩公司的特点	基业长青的秘诀	企业四种基本管理功能	预防衰老的秘诀	影响企业成长的三大因素	循环演进的秘诀
造钟而非报时		P（目标管理）		企业成长的使命和愿景	
利润之上的追求		A（行政管理）		战略之门	
保存核心，刺激进步		E（创业精神）		组织之门	
胆大包天的目标		I（整合）			
教派般的文化	保存核心、刺激进步		保持变革、整合能力		管理变革
择强汰弱的进化					
自家成长的经理人					
永远不够好					
起点的终点					

第二，他们的解决方案都暗含一个“力”，无论是追求进步还是整合、变革，都要求企业付出“力”，没有“力”就无法实现“变”，而这里的“力”主要是指组织行为学所讲的“动力”，正是因为“动力”才推动行为的发生和目标的实现。

第三，他们的解决方案都体现一个“恒”，动力、变革、进步都不是一时的，而是持续不断的，“恒变”“恒力”方能“恒生”。

综合以上分析，遵循化繁为简、回归本源的思路，笔者认**为企业长期发展甚至永续经营的关键是打造持续进步变革的长期动力，简单来说就是“保持活力”**。

所谓“活力”，汉语的解释是“旺盛的生命力”，笔者认为，这里的“活力”可以理解为“生生不息地解决问题、实现目标的动力”。其中的问题，包括但不限于前面所列举的企业各阶段常见的问题；其中的目标，既是柯林斯所说的“胆大包天的目标”，更是基于这个“胆大包天的目标”分解出的一个又一个小目标，可以是外部的市场目标，也可以是内部的管理目标。为了实现目标，可能需要P（目标管理），或者A（行政管理），或者E（创业精神），或者I（整合），也可能需要“造钟、培养自家的经理人以及择强汰弱”，可能需要组织成员“攻城略地”，也可能需要组织成员“克制欲望”，总之为了解决问题、实现目标，为了更好地生存下去，人们就会产生强大的动力，进而付出行动。

支撑企业持续发展的活力应具备以下三个特点。

群体性：活力存在于每一个个体之中，但企业要想实现持续发展，仅靠几个人的活力是不行的，必须使整个组织保持足够的活力，所以，我们所说的活力是指“组织活力”，具有群体性特点。

能动性：活力不是僵化、固定的，而是具有能动性，无论遇到什么问题，有活力的组织总能调动人的智慧，找到解决问题的办法。

持续性：企业发展过程中的问题是层出不穷的，要实现长期的发展就必须具备连续不断的活力。

那么，企业的动力如何产生？应该如何保持组织活力？欢迎企业界的读者一起来思考与交流。

一个健康的企业不可能在一个病态的社会中生存和发展。企业是社会的一个器官，而器官不会活过它所效命的机体。

管理学：德鲁克留给人类的伟大遗产

■ 作者 | 那国毅

1954 年 11 月 6 日是管理学界一个划时代的日子，彼得·德鲁克在这一天出版了他的《管理的实践》一书。该书的出版标志着管理学作为一门学科的诞生。在此之前，没有一部著作向管理者解释管理，更没有一部著作向管理者传播管理。

1985 年，德鲁克曾对一位来访者说："《管理的实践》一书的出版使人们有可能学会如何去管理。在这之前，管理似乎只是少数天才能做的事，凡人是无法做到的。我坐下来花了些工夫，把管理变成了一门学科。"

很少有人能享有开创一门学科的殊荣，作为公认的"现代管理之父"，彼得·德鲁克对享有此殊荣当之无愧。在过去的 60 余年里，他的著作、讲座和咨询工作为攻读管理学的学生建立了丰富的宝库，并且为管理者与企业家提供了取之不尽、用之不竭的灵感和相关方法的源泉。

……

德鲁克指出："管理是一种器官，是赋予机构以生命、能动、动态的器官。没有机构（如工商企业），就不会有管理。但是，如果没有管理，那也就只会有一群乌合之众，而不会有机构。而机构本身又是社会的一个器官，它之所以存在，只是为了给社会、经济和个人提供所需的成果。”

管理是我们的社会机构，特别是工商业中领导、指挥和决策的器官，是一种普遍的职能。这种普遍的职能在每一个国家中，实质上在每一个社会中都面临着同样的基本任务。管理者必须为他所管理的组织指引方向，必须深入思考本组织的使命，为之制定目标，并为达到本组织必须达成的成果而组织资源。

需要提及的是，作为一种实践和一个思考与研究的领域，管理已经有了很长的历史，其根源几乎可以追溯到200年以前。但管理作为一门学科，其开创的年代应是1954年，即《管理的实践》的问世标志着管理学的诞生。而正是彼得·德鲁克创建了管理这门学科。2005年11月28日的美国《商业周刊》的封面故事是：“彼得·德鲁克：发明管理的人。为什么彼得·德鲁克的思想仍然重要？”**德鲁克精辟地阐述了管理的本质：“管理是一种实践，其本质不在于知，而在于行；其验证不在于逻辑，而在于成果；其唯一权威就是成就。”**

德鲁克管理学的核心就是：责任

德鲁克对“责任”，包括管理者的“责任”、员工的“责任”以及企业的“责任”谈了很多。1973年，德鲁克将自己几十年的知识、经验及思考浓缩到一本书中，即《管理：使命、责任、实践》。这本浩瀚巨著以其简洁而浓缩的书名道出了管理学的真谛。据此，我们可以把管理诠释为：管理使命、承担责任、勇于实践。

令人惊奇的是，当我在《管理：使命、责任、实践》这本书中搜索“责任”一词时，发现本书中有多达36处谈到“责任”，而竟无一处谈到“权力”。“权力和职权是两回事。管理当局

管理作为一门学科，其开创的年代应是1954年，即《管理的实践》的问世标志着管理学的诞生。而正是彼得·德鲁克创建了管理这门学科。

并没有权力，而只有责任。它需要而且必须有职权来完成其责任——除此之外，绝不能再多要一点。”在德鲁克看来，管理当局只有在它进行工作时才有职权，而并没有什么所谓的权力。

2004年10月1日，德鲁克在美国德鲁克档案馆举办的“智者对话”活动中，精辟地阐述了21世纪CEO的职责，他又一次，也是最后一次面对众多高管人员强调了管理者的责任。他讲道：“首先要说的是，CEO要承担责任，而不是享有‘权力’。你不能用工作所具有的权力来界定工作，而只能用你参与这项工作所产生的结果来界定。CEO要对组织的使命、行动、价值观和结果负责。最重要的就是结果。有鉴于此，CEO的工作因他们所服务的组织不同而有所不同。”

德鲁克反复强调，认真负责的员工确实会对管理者提出很高的要求，要求他们真正能胜任工作，要求他们认真地对待自己的工作，要求他们对自己的任务和成绩负起责任来。

责任是一个严厉的主人。如果只对别人提出要求而不对自己提出要求，那是没有用的，而且是不负责任的。如果员工不能肯定自己的公司是认真的、负责的、有能力的，他们就不会为自己的工作、团队和所在单位的事务承担起责任来。

要使员工承担起责任和有所成就，就必须由实现工作目标的人员同其上级一起为每一项工作制定目标。此外，确保自己的目标与整个团体的目标一致，也是所有成员的责任。必须使工作本身富有活力，以便员工能通过工作使自己有所成就。而员工则需要有由他们承担责任而引起的要求、纪律和激励。因此，进入德鲁克管理世界的捷径就是从认识管理者的责任、员工的责任和企业的责任开始。

自《管理的实践》问世的半个多世纪以来，德鲁克通过著书立说、讲学、提建议等方法，不厌其烦地提出：管理既要眼睛向外，关心它的使命及组织成果；又要眼睛朝内，注视那些能使个人取得成就的结构、价值观及人际关系。

德鲁克在《管理新现实》一书中清晰地解释了为什么称“管理”为一门“综合艺术”。他说：“管理被人们称为是一门综合艺术——‘综合’是因为管理涉及知识的基本原理、自我认知、智慧和领导力；‘艺术’是因为管理是实践和应用。”

为了表彰德鲁克对世界所作出的杰出贡献，2002 年 6 月 20 日美国总统乔治·布什授予德鲁克“总统自由勋章”。布什总统对德鲁克的评价是：“彼得·德鲁克是世界管理理论的开拓者并率先提出私有化、目标管理和分权化的概念。”为什么德鲁克在 92 岁的高龄才得到“总统自由勋章”？我们也许都还记得：安然、世通、安达信等美国大公司都因为做假而纷纷倒闭。如果长此以往，华尔街将有崩盘的危险，到时不但美国的经济遭到重创，世界的经济也会受到严重的影响。面对这种情况，布什到华尔街做了题为“公司的责任”的演讲，要求美国公司的管理人员恪尽职守。在这样的背景下，布什授予德鲁克“总统自由勋章”无疑是在向公众传达这样一个信息：责任是维系经济和社会发展的根本原则。而德鲁克管理学的核心就是：责任。

管理是关系到人类福祉和世界未来的决定性因素

1954 年，德鲁克在《管理的实践》中指出，无论是就经济还是社会发展而言，美国都居于领先地位，如果美国要避免走下坡路，只有提高管理能力和持续改善管理绩效。而在美国以外的其他国家，管理更具有决定性的作用，欧洲在战后能否恢

责任是一个严厉的主人。如果只对别人提出要求而不对自己提出要求，那是没有用的，而且是不负责任的。

复经济繁荣，这首先取决于其管理者的工作绩效。至于发展中国家能否成功地发展经济，在很大程度上取决于它们能否迅速地培养出称职负责的管理者。管理者的能力、技能和职责的确对人类福祉和世界未来至关重要。

《管理的实践》在德鲁克的管理思想发展过程中是一部承上启下的著作。

第二次世界大战期间，德鲁克花了 18 个月研究通用汽车公司并撰写了《公司的概念》一书。德鲁克在该书中首次提出“组织”的概念，并且奠定了组织学的基础。《公司的概念》成为第一部试图描写组织实际工作情况、挑战、问题和原则的著作。德鲁克在该书中提出的“分权”“事业部”仍是我们 21 世纪企业组织设计的基本原则。

50 年后，吉姆·柯林斯在《基业长青》中坦言：“我们也发现，我们的研究和德鲁克的著作深深契合，事实上，我们对德鲁克的先见之明深为敬佩。研读他的经典之作，如 1946 年出版的《公司的概念》、1954 年出版的《管理的实践》、1964 年出版的《为成果而管理》，你会深深叹服他遥遥领先今日管理思潮的程度。事实上，在我们做这个研究时，遇到很多深受德鲁克作品影响的公司，惠普、通用电气、宝洁、默克、摩托罗拉和福特只是其中几家而已。”

《管理的实践》一书中所提出的许多重要概念，又发展为德鲁克日后许多管理著作的主题。其中包括 1964 年出版的《为成果而管理》、1973 年出版的《管理：使命、责任、实践》以及 1980 年出版的《动荡时代的管理》等。如果说《圣经》和《希腊神话》

是欧洲文学的土壤，那么，《管理的实践》就是管理学的肥沃土壤。

《管理的实践》是一本将管理视为整体的管理书籍。更具有创新意义的是，德鲁克视社会和企业为有机体，因此，管理成为组织社会的基本器官，而器官只能按照其功能来定义。管理作为企业的具体器官，它具有以下三个功能。

（一）管理企业

德鲁克对企业的独特见解是，要想知道什么是企业，必须从理解企业的目的开始。企业的目的必须存在于企业之外。事实上，企业的目的必须存在于社会之中，因为企业是社会的一部分。企业的目的只有一个适当的定义：创造顾客。

由于企业的目的是创造顾客，任何企业都有两项职能，也仅有这两项基本职能：营销和创新。营销和创新产生经济成果，其余的一切都是“成本”。

要管理好企业，首先得回答德鲁克的三个经典问题：我们的事业是什么？我们的事业将是什么？我们的事业究竟应该是什么？我们的事业是什么，并非由生产者决定，而是由消费者来决定；不是靠公司名称、地位或规章来定义，而是由顾客购买商品或服务时获得满足的需求来定义。因此，要回答这个问题，我们只能从外向内看，从顾客和市场的角度，来观察我们所经营的事业。企业最高管理层的首要职责就是提出这个问题：“我们的事业是什么？”

德鲁克的关于企业需要设定目标的八大领域——市场营销、创新、人力资源、财务资源、实物资源、生产力、社会责任、利润需求，得到了美国商界和媒

如果说《圣经》和《希腊神话》是欧洲文学的土壤，那么，《管理的实践》就是管理学的肥沃土壤。

体的认可。美国《财富》杂志评选“美国最受尊敬的公司”和“世界最受尊敬的公司”时，其评价指标都是基于德鲁克关于企业的八大目标而设定的。从2001年起，中国也开始举办“中国最受尊敬的企业”的评选活动，其评价指标也是基于德鲁克关于企业需要设定目标的八大领域而定的。

更为重要的是，德鲁克在《管理的实践》中率先提出“企业的社会责任”这一概念。20世纪50年代他所提出的概念，在1997年已成为一项新的国际标准。1997年8月，美国制定了企业社会责任的国际标准，即SA8000（Social Accountability 8000）。SA8000是全球第一个关于企业社会责任的国际标准。SA8000体系认证已在全球范围内推行，其对于企业发展、全球贸易将会产生越来越大的影响。有报道说，不久前，一家中国企业竞标法国电信的设备采购，开始接受法国电信严格细致的考察和认证，而其中非常重要的一项内容就是企业的社会责任。

为了规范中国的企业管理，实现可持续发展，自2006年1月1日起执行的《中华人民共和国公司法》里增加了“公司的社会责任”。至此，公司履行社会责任和依法纳税都已成为强制行为，没有讨论的余地。这又印证了德鲁克的一个观点：如果企业不尽社会责任，政府一定要强制企业去履行这个责任。我们应当明白这样一个道理：一个健康的企业不可能在一个病态的社会中生存和发展。企业是社会的一个器官，而器官不会活过它所效命的机体。

由此可见，德鲁克是改变世界的人。

（二）管理管理者

三个石匠的寓言完美地解释了什么是真正的“管理者”。有人问三个石匠他们在做什么。第一个石匠回答：“我在养家糊口。”第二个石匠边敲边回答：“我在做全国最好的石匠活。”第三个石匠仰望天空，目光炯炯有神，说道：“我在建造一座大教堂。”

当然，第三个石匠才是真正的“管理者”。

在管理管理者这一部分中，德鲁克创造性地提出“目标管理和自我控制”，他把这项管理原则视作“管理哲学”。

（三）管理员工和工作

德鲁克认为，如果我们视员工为人力资源，我们就必须了解这种资源的特性是什么，而当我们把重点分别放在“资源”或“人”上时，会得到两种截然不同的答案。作为一种资源，人力能为企业所“使用”。然而作为“人”，唯有这个人本身才能充分自我利用，发挥所长。这是人力资源和其他资源最大的区别。使员工有成就感，使工作富有成效是对管理者永恒的挑战。管理者不只通过知识、能力和技巧来领导员工，同时通过远景、勇气、责任感和诚实正直的品格来领导员工。

在《管理的实践》的结语中，德鲁克给我们带来了一缕思想的清风，他说：“公司不能自称（绝对不可自称）是员工的家、归宿、信仰、生命或命运。公司也不可以干预员工个人的私生活或者员工的公民权。将员工与公司连在一起的，只是一份自愿的、随时可以被取消的聘用合同，而并不是一条神秘的、不可撤销的纽带。”正确地定位个人与组织的关系，可以为组织和个人减少许多不必要的烦恼。那么，个人与组织应当是一种什么样的关系呢？“组织需要个人为其作出所需的贡献，个人需要把组织当成实现自己人生目标的工具。”德鲁克用清晰和简单的语言帮助我们厘清了个人和组织的关系。

书　　名：《百年德鲁克》
作　　者：那国毅
出 版 社：机械工业出版社
出版时间：2021 年 9 月

最后，也是最重要的，我们要重新审视曼德维尔的那句“私利邪恶成了公共利益”的格言。100 年前，曼德维尔的原则被美国全盘接受。然而，时过境迁，20 世纪“美国革命”的真正含义是：企业在管理过程中必须把社会利益变成企业的自身利益。管理者必须继续把这个基本信念落实到每一个决策和每一个行为之中。这是管理者最重要的终极责任。

管理的终极之善是改变他人的生活。

（本文是《百年德鲁克》的序言，此处有小幅度的删节，经出版社授权摘选刊登）